KB023045

쫓기지 않는 50대를 사는 법

쫓기지 않는 50대를 사는 법

제1판 1쇄 2021년 1월 27일
제1판 3쇄 2022년 1월 19일

지은이 이목원
펴낸이 이경재

펴낸곳 도서출판 델피노
등록   2016년 8월 11일 제2020-000082호
주소   서울시 양천구 신정중앙로 86, 덕산빌딩 6층
전화   0505-937-5494
팩스   0505-947-5494
이메일 delpinobooks@naver.com
ISBN   979-11-972275-4-7 (03190)

책값은 뒤표지에 있습니다.
파본은 구입하신 서점에서 교환해 드립니다.

새로운 인생을 여는 중년의 기술

쫓기지 않는 50대를 사는 법

 델피노

100세 무병장수 시대, 인생의 허리 50에서 터닝 하자

돌아서면 하루가 가고, 또 한 번 돌아서면 한 달이 지나간다. 50대가 되면 느끼게 되는 시간이다. 하루를 보람 있게 살아야 한다고 생각하지만, 흘러온 세월만큼 빛이 바래 버렸다. 지금까지 숨 가쁘게 달려왔던 생활은 삶의 굴레가 되었다. 어쩌면 자신의 존재감을 생각할 여유도 없이 지금 이 순간도 바쁘게 지나가고 있다.

작년부터 시작된 코로나19로 삶은 더 힘들어지고 생각할 여유조차 없는 시간의 연속이다. 비대면 문화가 확산되면서 기존 산업생태계는 붕괴되고 디지털 산업생태계로 급격히 이동하고 있다. 위드 코로나 시대에 기업이 생존하기 위해 변하고 있다. 개인도 변하지 않으면 살아남을 수 없는 시대다. 과거 지식이 지혜는 되지만 더 이상 삶을 지탱해주지 않는다.

50대가 되면 명퇴하거나 정년퇴직하는 시기다. 막상 새로운 것을 하려고 해도 생각만 할 뿐 시도하기가 두려운 세상이다. 코로나19로 도전하고 싶은 심리는 더 위축되었고 살아온 세월만큼 고정관념이 콘크리트처럼 굳어 있다. 현재 삶이 힘들고 무엇을 할 것인지 두려운 것은 당연한 생각이다. 그렇더라도 변하지 않고 사는 대로 살아간다면 미래는 달라지지 않는다.

'한 사람의 운명을 예측하기 위해 그 사람의 일상을 보면 안다.'

— 한근태

4차 산업혁명, 의료기술 발달, 헬스케어산업, 웰빙 문화가 확산되면서 100세 시대가 펼쳐지고 있다. 고령화 시대가 본격화되면 현 노인세대와 베이비부머 세대가 펼쳐지는 노년기는 다르다. 송해 선생(94세), 이시형 박사(87세), 김형석 박사(101세)는 지금도 왕성한 활동을 하고 있다. 요즘 새롭게 등장한 용어가 젊은 노인, 액티브 시니어다. 이들은 건강을 챙기면서 뭐든지 열심히 배우고 활동하며 열정적인 노년기를 살고 있는 사람이다. 앞으로는 80세 이후에도 직업을 가지고 생활하는 사람들이 점점 더 증가할 것이다.

하지만 직장인들 대부분이 이에 대한 대비가 부족하다. 내가 근무하는 공무원 조직에서도 명퇴하거나 정년퇴직하는 분들의 삶을 많이 봐왔다. "퇴직 후 뭘 하며 보낼까" 물으면 "당분간 푹 쉬고 싶어"라는 얘기를 많이 했다. 아니면 퇴직 후 또 다른 직업으로 짧게는 2~3년 길게는 10년을 생활한다고 하지만, 그 이후 여생은 별다른 계획 없이 일상적인 생활을 하며 가족들과 보내는 분들이 대부분이다. 100세 시대가 펼쳐짐에도 80세 이후에 대한 대비가 없다.

이런 상황에서 하류노인이라는 신조어도 등장했다. 하류노인이란 고령화 사회를 먼저 겪은 일본에서 탄생한 신조어로 수입, 경제활동, 기댈 곳이 없이 완전히 고립된 하층 노인을 말한다. '하류노인으로 전락할 것인가' 아니면 '젊은 노인, 액티브 시니어로 살 것인가'를 50대부터 준비하자. 인생 2막에 은퇴를 고려해서는 안 된다. 은퇴하는 순간 삶의 동력이 줄어든다. 기력이 닿는 한 사회에 기여 활동이든 무엇이든 해야 한다.

"100세까지 산다고 치면 50세는 겨우 반환점이다. '여생'이라고 부르기에는 아직 많이 남은 인생을 한숨만 쉬면서 보낸다면 너무 아깝지 않은가?"

– 사이토 다카시 《50부터는 인생관을 바꿔야 산다》

인생 2막. 80세 이후를 준비하자

베이비부머 세대가 은퇴하면서 대기업을 포함한 기업 임원도 X세대인 70년대생으로 세대교체가 본격 시작되었다. 앞으로 이들이 은퇴한 후 펼쳐지는 인생 2막은 기성세대와는 달라질 것이다. 이들이 퇴직한 후는 100세보다 더 늘어난 120세까지 장수하는 시대가 눈앞에 그려진다. 작년 9월 전남 100세 전후 할머니들이 여성잡지인 '보그 코리아'에 모델로 등장한 적이 있었다. 100세는 인생의 종착역이 아님을 말하는 대표적인 사례다. 앞으로 100세에도 다양한 활동을 하는 사례는 더욱 증가할 것이다.

인생 1막과 2막 중 어느 쪽이 중요하냐고 묻는다면, 나는 자신 있게 인생 2막이라고 답할 수 있다. 마치 축구 경기와 같다. 축구 전반전, 후반전을 인생 1막, 2막으로 본다면 전반전 경기에 골을 넣었다 하더라도 후반전에 골을 빼앗기면 지는 경기다. 대기업 간부, 임원, 고위직 공무원, 공사 간부 등 한때 잘 나가던 분들도 인생 2막을 준비하지 않으면 예외 없이 추락한다. 이들이 아파트 경비 등 단순 노동을 한다는 뉴스도 심심찮게 보도되지만 80세 이후까지 일한다는 보장도 없다.

이제는 80세 이후의 삶을 준비해야 한다. 대비하지 않는다면, 예외 없이 삶의 질이 떨어질 가능성이 크다. 앞서 하류노인을 예로 들었듯이 인생 후반기는 최소한 추락하지는 않아야 한다. 삶의 비중을 후반기에 더 신경 써야 하는 이유가 여기에 있다.

2010년 갑작스러운 아내 사별로 내 인생 최대의 위기가 찾아 왔다. 황폐해진 인생 1막을 견뎌내는 과정에서 인생을 통찰하며 인생 2막을 더 중요하게 생각하게 되었다. 적어도 인생 2막은 삶이 추락하지 않아야 한다.

사람은 위기가 찾아오면 변한다. 그러나 위기가 없었다면 살아온 삶의 패턴을 잘 바꾸지 않게 된다. 다람쥐 쳇바퀴 돌 듯 일상생활이 반복되며 사고는 경직되기 쉽다. '이 나이에 배운다고 내가 변하겠어? 그냥 살아온 대로 사는 게 제일이지' 하며 스스로 자물쇠를 잠그는 만큼 위험한 사고가 없다. 배우지 않으면 과거에 머무르게 된다. 무릇 사람은 배움이 있어야 최소한 후퇴하지 않는다. 배움을 통해 상대방과 다름을 인정하고 의견을 수용하는 등 내 안에 형성된 생각의 기준을 말랑말랑하게 만들어야 한다.

인생 2막 준비에 가장 중요한 무기는 사고의 유연성이다. 콘크리트처럼 굳어져 가는 고정관념의 벽을 깨버려야 한다. 안주하기보다 불편한 길로 가야 한다. 그것은 배움이고 도전이다. 50대부터 준비하지 않으면 갑자기 사고가 확장되지 않는다. 쫓기지 않는 50대 삶의 첫 번째는 건강에서 찾아야 한다. 건강은 인생 후반기 건축물로 비유하면 바닥을 다지는 기초 공사다. 기초가 튼튼하지 않으면 모든 것이 무너진다. 정신건강, 육체건강을 단단히 다져 놓아야 인생 후반기가 무너지지 않는다.

두 번째는 평생 놀 거리, 일할 것을 50대에 준비하거나 찾아야 한다. 대학교, 평생교육원 등에는 다양한 교육 프로그램이 있다. 마음만 있으면 무엇이든지 배울 수 있다. 배움 등 다양한 활동을 통해 즐길 거리, 일거리를 찾아낸다는 각오로 인생 2막을 착실히 준비해야 한다.

마지막으로 나를 만나는 여행의 시간을 가지는 것이다. 삶의 여유는 여행에서 온다. 여행을 통해 진정한 나 자신을 만날 수 있다. 숨 가쁘게 달려왔던 모든 것을 잠시 내려놓을 수 있다. 여행은 정신을 맑게 하고 치유하는 기능이 있다. 가까운 곳이든 먼 곳이든, 마음 설레는 장소가 있다면 어디든지 떠나 보자. 가끔 홀로 여행을 가는 것도 필요하다.

"쉰에 하늘의 뜻을 알았다."   - 공자

누구든지 지금까지 살아왔던 습관이 있다. 만약 50대가 되어서도 여행을 즐기지 못하면, 60대가 되어도 즐기기가 힘들다. 여행은 삶의 재충전이자 쫓기는 삶을 치유해줄 수 있는 명약이다.

이 책을 통해 행복한 인생 2막을 열어라

50대에는 인생 후반기 삶의 기준을 재설정 또는 재정의할 시기다. 살아왔던 대로 살 것인가 내 안의 깜빡이를 켜서 방향을 바꿀 것인가는 오직 마음가짐에 달려 있다. 육체는 정신의 지배를 받는다. 감정, 정신, 사고방식의 중심은 마음관리에 있다. 내 마음을 어떻게 경영하느냐에 따라 내 삶이 달라진다.

책 목차 전개도 발상의 전환, 태도, 마음가짐을 1장에 넣은 이유

다. 마음을 정했다면 인생 후반기 가장 중요한 건강관리를 2장에 담았다. 될 수 있으면 1장, 2장을 순서대로 읽고 나머지는 관심이 있는 순서를 정해 읽어도 무방하다.

이 책의 궁극적인 목적은 인생 2막을 더 즐겁고 행복하게 살기 위한 것이다. 핵심은 80세 이후에도 삶을 열정적으로 보내는 방안 제시다. 그 준비와 시작은 50대에 해야 하며 늦으면 늦을수록 기회는 없어진다.

이독윤

목차 / CONTENTS

2장 | 인생 후반기 제1 덕목은 건강관리다

3장 | 나이 들어가며 신경 써야 할 것들

1장

인생의 허리 50,
내 안의 깜빡이를
켜라

인생 후반기
살던 대로 살면
죽도 밥도 안된다

직장인 A 씨는 얼마 전 정년퇴직을 하고 직장에서 해왔던 경험을 살려 직장생활과 연관된 중소기업에 관리직 이사로 취업했다. 이곳에서 그는 그동안 쌓아온 인맥을 활용해 회사 영업파트의 가교역할을 하면서 2년간 근무할 계획이다. 또 다른 직장인 B 씨는 정년보다 1년 일찍 명예퇴직한 이후 중소기업에서 3년 정도 이사직으로 근무할 계획이다. 내가 근무하는 공무원 조직에서는 보통 퇴직 전후로 민간 업체나 지방자치단체 유관 기관으로 가는 경우를 많이 봤다.

많은 직장인들은 60대 전후에 퇴직해 별다른 계획 없이 인생 후반기를 맞이한다. 퇴직 후 다른 직장을 갖는다 하더라도 보통은 5년에서 최장 10년 정도 근무하면 자연인으로 돌아간다. 문제는 70세 이후의 삶이다. 70대부터 남은 인생을 띄엄띄엄 일하며 보낸다거나 취미생활을 하며 노후를 보내기에는 너무 긴 세월이기 때문이다.

　일하면서 노후생활을 보내는 사람은 단순한 취미생활을 하며 노후
생활을 보내는 사람보다 더 건강하다는 것이 과학적으로 증명됐다. 뇌
편도체가 활성화되며 긴장감을 높여주기 때문이다. 노인세대나 베이
비부머 세대들을 보면서 생각한 것은 늦어도 50대부터 인생 후반기를
준비하지 않으면 80세 이후에도 활기찬 노후생활을 즐길 수 없다는
것이다. 4차 산업혁명, 의료기술 발달, 헬스케어 산업, 웰빙 문화가 확
산되면서 인간의 삶의 질은 향상되고 기대 수명도 과거보다 훨씬 증가
했다. 바야흐로 100세 시대가 펼쳐지고 있다.

　베이비부머 세대 은퇴전쟁이 마무리되어 가면서 세대교체가 본격
화되고 있다. 우리나라 산업혁명의 원 주자 격인 이들은 700만 명 정
도로 전체 인구에서 차지하는 비율이 14%에 달한다. 이들은 코로나
19 사태 영향으로 2020년 2~5월 사이에 26만 명이 강제 은퇴를 했다
고 한다. 이들이 퇴직 후 사회 적응을 하지 못하고 하류노인으로 전락
할 가능성이 크다는 충격적인 신문기사를 본 적이 있다. 하류노인이란
고령화 사회를 먼저 겪은 일본에서 탄생한 신조어로, 수입과 경제활동
이 없고 기댈 곳 없이 완전 고립된 하층 노인을 말한다. 서울 관악구청
이 정부 지원금으로 생활하는 베이비부머 1인 가구를 조사했더니 남
성은 39%, 여성은 22%나 된다고 발표한 바 있다.

　퇴직을 막 했거나 퇴직을 앞둔 50대는 고민이 깊어진다. 인생 2막
을 준비해야 할 시기가 왔는데 살아왔던 대로 살아간다면 미래는 바뀌
지 않을 것이다. 실제 내가 근무하는 직장에 퇴직을 앞둔 동료직원들

에게 설문조사를 했다. 대부분이 퇴직 후 일자리를 구해야 한다는 것에 대한 막연한 걱정과 미리 준비하지 못한 아쉬움을 토로하는 내용이었다. 특히 "퇴직 후 무엇을 할 것인지 고민해 보겠다"라고 말하며 구체적인 계획이 없는 분들이 대부분이었다. 이제는 지난 시절보다 현재를 직시하고 미래를 어떻게 살아갈 것인지 고민해야 할 때다. 이를 위해 홀로 조용히 자기 내면과 대면을 하며 인생 후반기를 어떻게 살 것인지 생각할 시간이 필요하다.

내 마음 안에 소중하게 형성된 자아가 바뀌지 않으면 내 미래도 현재와 별반 달라지지 않을 것이다. 이것을 자아상이라고 한다. 자아상은 스스로 만들어 가는 것이다. '지금까지 이대로 잘 살아왔는데 내가 뭐하려고 변해야 한단 말인가? 그냥 대충 살다 가면 되지'라는 사고만큼 위험한 것이 없다. 인생은 오래 사는 것보다 얼마나 가치 있게 사는지가 중요하다. 아무리 살 날이 많아도 삶의 질을 채우지 않으며 허송세월처럼 보내는 나날을 살아간다면 무의미한 것이다.

10년 전 중견간부로 퇴직한 P 씨(70세)는 주유소 보조원, 아파트 경비원 등으로 다양한 직장생활을 해오다가 최근 건강이 급격히 악화되면서 일을 중단했다. 퇴직 후에도 당뇨, 고혈압 등 성인병이 있어 약을 복용해왔는데, 요즘은 병원 가는 횟수가 부쩍 증가하면서 복용하는 양도 상당히 많아졌을 것으로 보인다. P 씨는 나이가 들수록 건강이 더 좋아지지 않을 것이다.

따라서 70세 이후의 삶의 질도 급격히 떨어질 것이다. 우리 부모님 모두 80대 중후반에 돌아가셨는데, 10년 이상 병원을 이웃집 다니듯 다녔고, 식사 때마다 복용한 약이 거의 밥 먹는 양과 비슷했다. 이 모습을 보면서 인생 후반기 건강에 적신호가 켜지면 모든 것이 무너진다는 것을 절실히 깨닫게 됐다.

건강은 인생 후반기 삶의 질을 좌우하는 가장 중요한 덕목이다. 인생 후반기 건강을 잘 관리할 수 있는 시기를 50대로 본다. 부모 세대, 베이비부머 세대 등 기성세대들은 그 당시 사회 환경에서 오는 조건으로 인해 건강을 돌보지 못했던 분들이 많았다. 50대부터 건강관리를 잘 시작한다면 인생 후반기는 안정적으로 항해할 수 있을 것이다. 한마디로 인식의 변화, 패러다임의 전환이 필요하다.

50대 이후 인생 후반기를 준비할 때 자산과 환경도 중요하지만, 노후를 대비하는 삶의 태도와 마음가짐이 더 중요하다. 50부터 인생 후반기를 차분히 준비해야 한다. 무엇이든지 시작이 늦은 때는 없다. 지금이 최고의 시기다.

"65세에 23일간 해남 땅끝마을에서 통일전망대까지 국토종단, 2006년과 2013년 각각 118일, 135일간에 걸쳐 동해, 남해, 서해를 따라 걷는 해안 일주를 혼자서 두 차례나 했다. 산티아고 순례길, 몽골, 바이칼, 캄보디아, 베트남, 네팔, 인도 등도 다녀왔다."

올해 80세인 황안나 씨의 얘기다. 그녀는 40년간 선생으로 근무하다 퇴직 후 도보여행 전문가, 강연, 방송에도 출연하는 등 지금까지도 왕성한 활동을 하고 있다. 《내 나이가 어때서》, 《일단은 즐기고 보련다》 등 여러 권의 책도 집필했다.

얼마 전 대한민국 최고령으로 고등학교 검정고시에 합격한 전라

북도 고창에 사는 어르신의 기사가 화제가 된 적이 있다. 그는 83세 고령임에도 그동안 꾸준한 노력으로 중학교, 고등학교 검정고시를 합격했다. 처음에는 고창에서 광주까지 매일 2시간 버스로 통학하며 만학의 꿈을 불태웠다. 검정고시를 앞두고는 광주에 방을 얻어서 자취까지 했다. 그리고 4번의 실패 끝에 당당히 고등학교 검정고시에 합격했다. 그는 금년에 조선대학교 법학과를 입학하는 것이 목표다.

누구든지 하고자 하는 생각과 열정만 있다면 무엇이든지 할 수 있는 시대가 됐다. 나이가 들어서도 당당히 삶을 능동적으로 살아가는 사람들은 사회 곳곳에 있다. 이런 분들의 마음 근육은 하루아침에 쌓이지 않았다. 평소 그런 것을 강렬하게 소망하고 꼭 이루려고 생각했기 때문에 목표를 달성한 것이다. 이런 마음근육을 키우고 노후를 대하는 태도는 50대부터 준비해야 한다. 내 안에 있는 나를 진실하게 만나는 사람만이 자신이 원하는 삶으로 인생 후반기를 건강하고 활기차게 가꿀 수 있다.

나만의 방식을
찾는 자만이
50을 가뿐히 뛰어넘는다

코로나19 사태가 장기간 지속되면서 자영업자, 중소기업 등 사회 전반에 불어닥친 경제 한파는 상상을 초월할 정도다. 《트렌드 코리아 2021》을 펴낸 김난도 교수는 코로나가 종식되더라도 "한 번 변화된 환경은 과거로 회귀하기 어렵다"고 말했다. 이미 코로나로 달라지는 사회 현상은 곳곳에 펼쳐지고 있다. 경제난이 가중되고 먹고 살기 힘든 와중에 자기중심을 똑바로 잡지 못하면 한방에 훅 하고 무너질 수 있는 시기다. 국가에서는 전 국민에게 1, 2차 재난지원금을 지급했고, 위기가구 등에게는 긴급생계지원금을 지급했다. 세계 각국에 산발적으로 백신이 공급되기 시작했지만 코로나가 언제 종식되는지 알 수 없는 상황이다. 하지만 코로나19가 반드시 비극만이 아니라는 것은 역사가 증명해준다.

인류는 전쟁을 통해 문명을 발전 시켰다. 중세시대 흑사병으로 3년 동안 유럽인구 1/3인 2천만 명 이상이 죽었다. 이를 계기로 중세시대는 사라지고 본격적인 르네상스 시대가 도래되었다. 인류에게 위기는 또 다른 기회였다. 위기를 통해 문명 발전의 원동력이 된 것이다. 코로나는 비극이 아니라 비극 속에 피어나는 희망의 꽃 이라는 사실을 역사를 통해서 알 수 있다. 개인도 이러한 위기에서 성장하기도 하고 추락하기도 한다.

지금의 위기를 어떤 이들은 인생의 걸림돌로 생각하고, 또 다른 이들은 새로운 도약의 디딤돌로 생각하기 때문이다. 교육을 하는 강사들은 코로나19 사태로 강연의 기회가 다 사라지는 위기를 맞이했다고 한다. 그런데 그런 위기 속에서도 기회를 찾아내는 강사들이 있다. 이들은 줌(ZOOM)을 비롯한 온라인 교육 도구를 활용한 강연을 기획함으로써 오히려 사업을 전국으로 확장해 나가고 있다. 내가 다니는 독서모임의 박대호 대표가 대표적인 사례다. 그는 기획능력이 탁월하다. 코로나 19가 전국을 강타할 때 유·무료 강연 등 다양한 온라인 강의 프로그램을 만들었다. 단톡방 회원 수가 1,000명이 넘었다.

이렇듯 준비된 자에게는 위기가 기회가 된다. 우리가 준비만 잘한다면 위기는 또 다른 기회의 문이 될 것이다. 세상에는 영원한 위기도 기회도 없다. 다만 내가 어떻게 대응하는가에 따라 위기가 될 수도 있고 기회가 될 수 있다. 그동안 살아왔던 삶의 방식을 점검해보자. 내가 무엇을 해왔고, 앞으로 무엇을 하고 싶은지는 본인이 가장 잘 알 수 있다. 50대가 되면 가장 쉽고도 어려운 부분이 삶의 방식을 바꾸는 부분이다.

내가 아는 지인 중 골프를 엄청 좋아하는 분이 있다. 40대부터 시작했던 골프를 60대 이후에도 즐기고 있다. 골프가 인생 최대의 기쁨인 셈이다. 또 다른 지인은 퇴직 전 색소폰을 배우기 시작했다. 취미활동으로 스포츠든 악기든 뭐든지 배운다는 것은 인생 후반기를 준비하는 데 아주 중요한 요소다. 50대까지 살아오면서 누구나 한 번쯤은 내가 하고 싶은 것을 해보고 싶다는 생각을 한다.

그런데 문제의 핵심은 여기에 있다. 내가 하고 싶은 것이 미래를 연결하는 징검다리 역할이 돼야 한다는 것이다. 다르게 얘기하면 취미활동을 통해 대가를 받는 일로 만들 수 있어야 함을 의미한다. 단순 취미활동도 노후에 꼭 필요하다. 하지만 인생 후반기는 취미를 일과 연결할 수 있는 종목을 발굴해야 한다.

나는 평소 여행을 좋아해서 인생 후반기 여행에 대해 생각해 보았다. 내향적인 성격임에도 불구하고 그동안 많은 여행을 했다. 퇴직 후에도 여행을 즐기며 생활한다는 생각을 하면 가슴이 설렌다. 상대적으로 체력이 좋은 50대 때는 오지여행을 가고 나이가 들면 오지보다는 가까운 여행지를 둘러볼 계획이다. 그동안 여행을 하며 사진도 많이 찍게 돼 자연스럽게 사진을 취미로 하게 됐다. 인생 후반기는 여행 관련 책도 쓰고, 여행사진 전시회도 할 계획이다.

《백만장자 메신저》를 집필한 브렌든 버처드는 취미생활을 대가를 받는 일과 연결할 수 있다고 이 책에서 얘기한다. 저자는 '자신의 지식과 경험을 이용해 다른 사람의 성공을 돕는 것은 누구나 할 수 있다'고

했다. 자신의 취미나 재능을 포지셔닝하고 상품화하는 것이 메신저 사업이다. 내가 하고 싶었던 것을 꾸준히 하다 보면 잘하게 되므로 이를 통해 타인에게 도움을 주는 메신저가 될 수 있다. 메신저는 그 분야의 전문가를 얘기하는 것은 아니다. 오랫동안 취미생활을 즐기더라도 전문가가 되는 것은 한계가 있을 수 있기 때문이다. 여기에서 중요하게 짚고 넘어갈 부분이 있다. 내가 하는 것이 타인에게 꿈과 희망을 주는 재료가 될 수 있어야 한다. 이것은 지식을 전달하며 대가를 받는 강의가 될 수 있고 다양한 활동도 포함된다. 지금까지 살아오면서 성취한 것 100가지 리스트를 적어보자. 그중에서 잘했던 것이 있다면 앞으로 더 배워서 더 잘하고 싶은 종목을 찾을 수 있다. 이것은 누군가에게 또 다른 지식을 전해준다.

인간에게는 누구에게나 주어진 고유의 본성이 있다. 사람은 본성과 기질에 따라 기버(주는 사람), 테이커(받는 사람), 메쳐(주는 것, 받는 것 반반인 사람) 3가지 타입으로 구분한다. 본성과 기질은 개개인의 성향, 취향으로 나타나게 되며 성격 형성에 영향을 준다. 사람마다 태어나면서 부모로부터 받은 고유의 기질이 있다. 성격은 환경에 따라 변할 수 있지만, 타고난 기질만큼은 잘 바뀌지 않는다. 하지만 내가 어떤 환경에서 살고 학습하고 생각하느냐에 따라 삶이 달라진다. 그래서 성격은 자신의 노력과 환경을 변하게 함으로써 바꿀 수 있다. 《사실 내성적인 사람입니다》의 저자 남인숙 작가는 이것을 '사회성 버튼'으로 표현했다. 의식적으로 사회성 버튼을 많이 누르면 성격을 바꿀 수 있다는 얘기다.

조용히 눈을 감고 살아왔던 길을 되짚어보자. 50대가 되면 자기다운 삶을 살기 위해 삶의 재정립이 필요하다. 자기다움이란 현재 머무르는 삶보다 현재를 직시하고 노력하는 사고방식에서 나온다. 아무리 어려운 일이 닥쳐도 스스로 감당하고 견뎌내는 발전 지향적인 상(像)을 말한다. 이것은 미래의 자아상이 된다. 내가 살아온 현실과 동떨어진 것은 자기다움이 아니다. 가령 퇴직을 앞둔 50대 직장인이 대기업 회장을 꿈꾼다는 것은 현실과 거리가 먼 생각이다. 자기다움을 알기 위해 스스로 어떤 사람인지를 알아야 한다. 자기 내면과의 대화가 필요하다. 내가 어떤 사람이고 어디에서 와서 현재 내가 어디에 있고 앞으로 어디로 가야 하는지를 물어야 한다. 자기를 아는 과정은 처음에는 낯설다. 자신에게 던지는 질문이 중요하다.

김상임 저자가 쓴 《마음을 아는 자가 이긴다》에서 매일 내 마음을 관찰하기 위해 명상 자세를 취하고 내면의 나와 만나야 한다고 했다. 50대가 되면 자기다운 삶의 방식을 재정립해서 그 방향대로 가야 한다. 그러기 위해 내면과의 대화를 수시로 해야 한다.

시대의 변화를
이겨내는
말랑말랑의 힘

1990년 초반 직장생활을 시작할 무렵의 사무환경을 생각해봤다. 사무실에는 2벌식 타자기가 있었고 타자수가 있었으며 캐비닛에 있는 문서 중 일부는 손글씨로 기안한 것도 보였다. 사무실 전화기는 팀 당 1대가 있었다. 사무실에서 담배 피우는 것은 기본이었다. 마이크로소프트사의 MS도스를 컴퓨터 운영체제로 사용했고, 문서는 모 대기업에서 보급한 워드프로세스 프로그램을 사용했다.

30여 년이 지난 지금의 세상은 어떤가. 변하지 않은 것은 없을 정도로 상전벽해가 됐다. 7080 세대는 이러한 추억을 동경하지만, 요즘 젊은 세대는 흥미도 없거니와 고리타분한 얘기로 치부해버린다. 지나간 것은 지난 과거일 뿐이다. 과거 경험이 현재의 삶에 지혜를 가져다줄 수는 있지만 정답이 되지 않는 시대가 되고 있다. 세상은 끊임없이 변하기 때문에 지나간 사고방식에 머무르지 말아야 한다.

"인은 윤리적인 모든 덕의 기초다. 인을 얻으려면 예순이 되어도 일흔이 되어도 끊임없이 발전하려는 마음가짐이 있어야 한다."

– 공자 《논어》

직장생활을 하는 P 씨는 아들이 대학을 졸업한 후 백수생활을 한다. 아들은 연봉을 최소 4,000만 원에서 5,000만 원은 받아야 한다고 생각하고 중소기업 같은 곳은 취업할 생각을 하지도 않는다. 금융계 또는 대기업 위주로 생각하고 있으며 취업준비로 벌써 몇 년째 직장도 없이 집에서 생활한다. P 씨로서는 불만이다. 중소기업에서 경험을 쌓으며 조건이 맞지 않아도 한 단계씩 밟아 올라가면 된다는 생각이다. P 씨는 요즘 젊은이들이 고생을 해보지 못해 그렇다고 생각한다. 과연 P 씨 사고방식이 맞는 것일까. 요즘 이런 사고를 하면 꼰대라고 손가락질받는 시대가 됐다. 과거 환경과 조건을 지금 시대와 비교하는 것 자체가 모순이다.

과거에 살아왔던 고정관념을 고수하는 것만큼 위험한 것도 없다. 이러한 사고는 세대 간 갈등으로 연결되어 가정에서는 소통이 안 되고 직장에서도 불통이 된다. 지금 사회 주류층은 밀레니얼 세대와 90년생들로 채워지고 있다. 반면 베이비부머 세대들은 은퇴가 시작되며 사회 주류층에서 밀려나고 있다. 인생 후반기는 신세대들과 호흡을 같이 해야 한다. 사회 주류층에 속한 이들의 사고방식과 행동을 이해해야 한다. 인생 후반기를 즐겁게 행복하게 생활하기 위한 필요조건이다. 나이가 들수록 살아왔던 환경에 따라 그것이 고정관념으로 굳어지기가 쉽다. '지금 배워 달라질 게 뭐 있겠어' 하며 '그냥 살아왔던 대로 편하게 살면 되지'라고 생각한다면 이 사람의 미래는 더 이상 발전하기 어렵다.

50대부터 변화에 대응하고 적응하는 마음의 유연성을 길러 나가야 한다. 이것은 하루아침에 생기지 않는다. 마음의 유연성 속에는 지금까지 가져온 습관이나 고정관념을 바꾸는 것인데 생각만으로 쉽지 않다. 무엇보다도 발상의 전환과 꾸준한 연습이 필요하다. 쉬운 방법 중 하나가 50대부터 젊은 사람들과 많이 어울려야 한다. 젊은 사람이란 배우는 사람을 말한다. 나이가 젊더라도 배우지 않는 사람은 멀리해야 한다. 나이가 든 사람이라도 배우는 열정이 있는 사람은 자주 만나야 한다. 이들과 대화를 통해 공감하고 소통하는 것은 고정관념을 벗어나야 가능하다. 나이가 든다는 것은 사고가 경직되고 새로운 것을 두려워하는 것에서부터 시작된다. 무엇이든지 배우고 새로운 도전을 하는 한, 나이는 숫자에 불과하다. 노화는 나이를 먹어 생기는 것이 아니라 생각과 사고가 줄어들고 굳어지기 때문에 생긴다. 50대는 사고의 유연성을 다시 정립할 수 있는 최고의 시기다.

스마트폰, SNS가 일상화되면서 혈연, 학연, 지연보다 더 친숙한 친구는 SNS로 맺어진 사람들이다. 요즘은 온라인으로 취미활동을 배우고 공유를 많이 하다 보니 나이와 지역에 관계없이 소통하는 시대가 됐다. 2020년 들어서 인스타그램, 블로그 수업을 온라인 줌을 통해 배웠다. 선생님은 20대, 30대 여자 두 분이었다. 반면에 수강생들은 40대부터 60대까지 상대적으로 나이가 많았다. 6주간의 온라인 수업을 받은 후, 인스타그램 계정 팔로워 인원이 확연하게 증가했다. 또한, 블로그 수업도 체계적으로 배운 덕분에 자료를 짜임새 있게 업로드했고 댓글도 달며 열심히 소통했다. 온라인 수업 이후 한 달이 채 안 되어 우리는 제주도에서 만났다. 다양한 연령층이 처음 만났음에도 불구하고, 오래전부터 아는 사이처럼 시간 가는 줄 모르고 하루를 보냈다.

80, 90년대에 비해 세상은 급변했다. 4차 산업혁명 시대, 빅데이터 인공지능 시대가 화두가 되어감에 따라 미래는 한 치 앞도 예측할 수 없을 정도다. 코로나로 해외 교류가 거의 단절되다시피 됐으며 여행 관련 업체, 항공업계는 초토화됐다. 포스트 코로나가 일상화되고 있다. 이러한 급변하는 시기에 맞춰 살기 위해서는 과거에 머무른 사고가 아니라 어떤 변화에도 견뎌낼 수 있는 유연한 사고를 기르는 것이 중요하다. 이를 통해 인생 후반기 목표달성을 이루며 멋지고 행복한 인생 2막을 사는 것이다.

극한의 고통을
인생의 샌드백으로
삼아라

1988년 소설가 박완서 선생은 남편을 질병으로 떠나보내고 몇 개월 뒤 아들마저 교통사고로 잃고 말았다. 그녀는 참을 수 없는 고통이 올 때마다 "고통은 극복하는 것이 아니라 견디는 것"이라고 말했다. 소설가 박완서 얘기에 '아, 그렇구나. 고통은 극복할 수 없고 견뎌야 된다'라는 사실을 깨달았다. 고통은 이겨낼 수 없다. 고통이 찾아왔을 때는 현실 그대로 받아들이며 견뎌내어야 한다. 고통은 피한다고 피할 수 없기 때문이다.

소설가 박완서 선생 못지않게 나도 큰 고통이 있었다. 2010년 갑작스러운 사고로 아내를 사별하게 된 것이다. 정신적 충격은 말로 표현할 수 없을 정도로 컸다. 그 당시 유치원에 다니던 작은아들과 중학교 2학년인 큰아들이 있었다. 삶을 송두리째 뒤흔드는 쓰나미가 덮친 것이나 마찬가지였다. 두 아들과 어떻게 살아야 할지 참으로 막막했다. 고통이 올 때는 끝없이 이어진다. 밥맛도 없다. 삶의 의욕도 한순간에 없어지는 것을 느낀다. 그래도 두 아들을 위해 반드시 살아야 한다는 삶의 의지가 마음 깊은 곳에서 움트기 시작했다. 고통의 주체가 무엇인지 정확히 인지하고 열린 마음으로 받아들이니 고통 속에 숨겨진 희망이 보였다. 스스로 인정하며 받아들인 고통은 더 이상의 고통이 아니었다. 만약 그때 받았던 정신적인 고통을 견뎌내지 못했다면 내 삶은 완전히 무너졌을 것이다.

역사를 거슬러 올라가 보면 나보다 훨씬 힘들게 살았던 사람, 한 많은 삶을 살았던 사람들이 많이 있다는 것을 알게 되었다. 그들의 질곡과 같은 삶을 통해 나의 고통스런 삶을 위로받고 치유하기 위한 것이었다. 《홍길동전》을 펴낸 허균은 불행한 삶을 살았던 비극적 인물이다. 허균의 아내는 1593년 4월 임진왜란이 일어난 후 그해 7월에 첫아들을 낳았지만 산후조리를 못 해 22살 꽃다운 나이에 죽는다. 아이도 뒤따라 죽는다. 그의 누이 허난설헌은 조선 중기 천재 여류시인이다. 그녀도 안동김씨 김성립에 출가한 후 두 자녀를 차례로 잃고 그 충격으로 27세 나이로 요절한다. 한마디로 불행한 집안이다.

역사 속에서 불운하게 살았던 사람들의 삶을 돌아보고, 현재 삶을 살아가는 사람들을 통해서 본 고통의 본질은 한 마디로 '상대적으로 느끼는 감정'이라고 말할 수 있다. 고통이라는 재료는 살아온 환경, 인식의 차이에 따라 지극히 주관적이다. 고통과 행복은 마치 동전의 양면과 같다. 위험이 도사리는 삶의 현장에 행복이 있다는 것이다.

몇 년 전 KBS에서 방영했던 《참치사냥꾼 40일의 기록》을 본 적이 있다. 선원들이 40도에 육박하는 폭염 속에서 목숨을 걸고 참치와 끝없는 추격전을 벌이며 참치를 잡는 모습을 보았다. 100kg에 달하는 참치를 어떤 기계장치 하나 없이 나무막대기로 참치 머리를 사정없이 내리쳐 맨손으로 잡아 올린다. 목숨도 잃을 수 있는 위험천만한 일을 도대체 왜 하는 걸까? 참치를 잡는 일은 두렵고 힘들지만 본인과 가족들의 행복을 위해서다.

음식에서 양념이 꼭 필요한 것처럼 고통이라는 재료도 인생에서 없어서는 안 될 필수품이다. 고통이 왔을 때는 회피하지 말고 있는 그대로 받아들여야 한다. 50대가 되면 쓰라린 고통 한두 개쯤은 경험했을 것이다. 고통은 그것을 받아들이는 마음가짐과 인식에 따라 결과는 완전히 달라진다. 《내 상처의 크기가 내 사명의 크기다》를 펴낸 송수용 작가는 인생의 파도는 연속해서 온다고 했다. 고통이라는 파도는 한번 왔다 가는 것이 아니다. 파도처럼 연속해서 온다.

그동안 살아왔던 삶의 경험을 통해 생각해왔던 고통이라는 인생의 재료를 다시 정립해볼 필요가 있다. '이런 불행이 나에게만 오는 건가, 사업에 실패하고 실직을 해서 새로 도전하는 것은 겁이 난다'라는 부정적인 생각은 고통을 가중시키는 불꽃이 된다. 부정적인 마음이 깃들기 시작하면 긍정적인 마음을 순식간에 잡아먹는 힘이 있다. 반면 고통을 받아들이고 견뎌내는 긍정적인 마음가짐을 가진다면 생각과 행동이 달라진다. 50대든 60대든 현재를 받아들이는 긍정적인 사고가 중요하다.

2020년 초 코로나19가 세계적으로 유행하며 경제 한파가 몰아쳤다. 많은 사람이 일자리를 잃었고, 중·소상공인들은 생계위기에 직면해 있다. 이러한 가운데에서도 영업실적을 올리는 기업이 있는 반면에 어쩔 줄을 모르고 발만 동동 구르는 기업도 있다.

인생 후반기에도 반드시 위기와 기회가 공존한다. 그동안 살아오면서 고통을 통해 경험했던 모든 것들은 인생 후반기에 큰 힘이 되고 자산이 된다는 사실을 알았다. 사람은 일생에 겪는 고통이 정해져 있다. '고통의 총량은 일정하다'는 것이다. 이것을 '고통 총량 불변의 법칙'이라고 한다. 그렇다고 고통의 크기가 모두가 똑같다는 의미는 아니다. 젊을 때 편했다면 나이 들어서 고통이 반드시 온다는 얘기도 아니다. 우리 마음을 어떻게 생각하는 것에 따라 달라진다. 스스로 노력하면 운명까지도 바꿀 수 있기 때문이다.

가족의 잇따른 죽음으로
인생을 통찰하다

눈을 감으면 어릴 때 뛰어놀던 뒷동산이 생각나고, 어머니가 "밥 먹어라" 하며 소리치던 장면이 생생하게 그려진다. 내가 자랐던 곳은 해발 600m에 위치한 두메산골이었다. 초등학교는 4km를 걸어 다녔다. 어린 시절 시골에서 살았던 추억은 내 삶의 소중한 정신적 자산이 됐다. 생각날 때마다 꺼내어 보면 향긋한 향기가 나기도 하며 애절한 슬픔도 묻어난다. 부모님은 돌아가셨고 시골집도 폐가가 된 지 10년이 넘었다. 행복했던 기억, 불행했던 기억들도 마음에 잔상으로만 아련하게 남아있다. 시간의 힘은 아주 위대하다. 시간은 모든 것을 집어삼켜 녹여버리는 용해의 힘이 있고 치유하는 힘이 있다.

나는 2남 2녀 막내로 태어났다. 위로 형님이 있었고 그 위에 누님 두 분이 있었다. 가난 때문에 나만 유일하게 대학을 졸업했다. 형님은 경북 구미에서 세탁소를 운영했는데 갑작스러운 사고로 40대 초반 젊은 나이에 돌아가셨다. 그때가 2003년 11월이었다. 내 가족 중 첫 번째 죽음이었다. 부모님은 자식을 먼저 떠나보낸 슬픔으로 눈물 마를 날이 없었다. 매년 기일이 되는 11월이면 누님 두 분과 함께 형님 유골을 뿌렸던 곳에 갔다.

그로부터 5년 뒤인 2008년, 큰 누님께서 질병으로 갑작스럽게 돌아가셨다. 그때 누님 나이가 50이었다. 내 가족 중 두 번째 죽음이었다. 세 번째 죽음은 2010년 갑작스러운 사고로 아내와 사별했다. 그 후 2014년 아버지, 2018년 어머니께서 병환으로 돌아가셨다. 5명의 가족이 사고와 질병으로 잇따라 돌아가셨다.

부모님이 모두 돌아가신 후 고아가 됐다는 생각에 마음속에 큰 구멍이 하나 생긴 기분이었다. 이제 남은 형제자매는 누님과 나 둘밖에 없다. 둘 중에 한 사람은 입관할 때 관을 덮어줘야 한다는 생각이 자연스럽게 들었다. 죽는 것은 순서가 없다. 둘 중 누군가는 입관을 봐야 한다. 이 생각을 하니 남은 삶을 어떻게 살 것인지 초연해졌다. 입관은 이 세상과 마지막 순간이다. 가족 5명의 입관하는 모습이 생생하게 그려졌다. 그 당시 눈물과 콧물이 범벅됐고 삶을 놓아 버릴 만큼 절망감도 들었다.

어머니를 마지막으로 떠나보내며 입관할 때 기억이 떠올랐다. 불과 20년 전만 하더라도 가족 모두가 살아있었다. 부모님이 사시는 시골집에서 우리 가족, 형님, 누님 두 분이 다 모였다. 한여름 밤, 마당에 돗자리 깔고 숯불 고기도 구워 먹고 밤하늘에 별을 보며 정담어린 애기를 했던 기억들이 생생하다. 산다는 것은 한때이고 한순간이라는 것을 명확하게 보여준다. 즐거운 것도 한순간이고, 아픔도 한순간인 것이 뼛속 깊이 각인됐다.

요즘은 입관체험 프로그램을 운영하는 곳이 많이 있다. 죽음을 간접으로 경험하면서 인생을 되돌아보는 것이다. 이곳에 가면 먼저 체험 신청서를 적고 영정사진을 찍는다. 본인의 묘비명도 적어본다. 그리고 삶과 죽음에 대한 가치관에 대한 강의를 듣는다. 유서도 적어본다. 마지막으로 수의를 입고 관에 들어가서 5~10분 동안 누워 있는다. 누워 있는 동안 죽음을 간접적으로 경험하면 오만가지 생각이 겹치고 어떻게 살아야 할 것인지 생각할 것이다.

나는 뜻하지 않게 가족의 죽음을 너무 많이 경험했다. 한때 종교가 있었으나 지금은 없다. 다음 생이 있는지 분명한 것을 알지 못하지만, 죽음만큼은 한세상을 끝낸다는 큰 의미가 있다는 것을 깨달았다. 죽음 앞에서는 뭐든 다 내려놓을 수 있다. 내가 가진 것 모든 것이 흔적도 없이 사라진다. 내 가족 5명도 먼지와 같이 사라졌다. '무엇에 집착하고 무엇에 연연할 것인가'라는 자조적인 생각도 해보았지만, 또 한편으로 남은 삶을 더 가치 있고 보람있게 살아야겠다는 열정도 생기게 됐다.

50대부터 인생 후반기는 뜻하지 않게 가족을 잃게 되거나, 질병으로 이별하는 경우가 많이 생긴다. 나이가 들수록 지인들이나 가족들의 죽음은 자연스러운 것이다. 문제는 '죽음을 어떻게 바라볼 것인가'라는 것이다. 타인 또는 가족의 죽음은 인생을 살아가는 데 던지는 의미가 아주 크다. 죽음을 인생 후반기 삶의 원동력이나 에너지로 전환해서 생각해보자.

잔여 인생을 아는 사람은 아무도 없다. 유일하게 신만이 알 수 있다. 오래 사는 것보다 가치 있고 의미 있는 삶이 중요하다. 그래서 인생 후반기 삶의 목표, 목적을 분명하게 설정해본다. 하나하나 성취해가는 과정에서 행복도 있고 기쁨도 있다. 죽음은 인생을 통찰해볼 좋은 기회다.

인생 후반기는
유유자적하는 삶이
정답일까?

직장생활을 하는 A 씨는 퇴직 후 그동안 못했던 그림 그리기, 사교 댄스, 색소폰 연주 등 다양한 취미활동도 하고, 사회복지시설을 방문해서 소외계층을 도우며 살 계획이다. 오랫동안 우정을 다져온 친구들과 적립해서 모아놓은 돈으로 해외 유명관광지에 머무르며 외국 생활도 체험해보는 계획도 가지고 있다. 틈틈이 해왔던 영어공부 덕분에 여행사를 통하지 않고도 해외여행을 하는 데 무리가 없다.

직장인 B 씨는 도시근교에 전원주택을 짓고 화초도 가꾸고 텃밭에 고추, 오이 등을 키우며 도자기, 붓글씨를 배우는 공방을 운영한다. 공방에서 퇴직 전부터 배움을 통해 알고 지내왔던 회원들과 시간을 보내기도 하며 도시 외곽 한적한 곳의 전원생활을 만끽하며 살고 있다.

직장인 C 씨는 퇴직 후 주변에 알고 지내왔던 분들과 관계를 청산하고 시골로 귀농해 농사짓고, 틈틈이 여행도 하며 삶의 여유를 누리고 있다.

직장인 D 씨는 조기 퇴직을 하고 평소 알고 지내던 지인이 운영하는 사업체 관리이사로 취직했다. 이곳에 3년 정도 근무할 계획이며 상황에 따라 2~3년 정도 더 있을 수도 있다. 평일과 주말에 시간이 날 때는 골프도 치고 여행도 하며 지낸다. 그밖에 취미생활도 하면서 행복한 인생 2막을 즐기고 있다.

직장인 E 씨는 퇴직 전부터 치료해왔던 척추후만증 증세로 활발한 활동을 하는데 부담이 된다. 다행히 연금과 그동안 모아놓은 재산으로 안정적인 생활을 한다. 주로 낮에 수영도 하고 PT를 통해 집중 트레이닝도 받으며 주 1~2회 정도 병원에 다니고 있다.

베이비부머 세대들이 대거 퇴직하면서 이들의 은퇴 후 생활유형을 구분해봤다. 생활유형이 어떻든 간에 인생 후반기를 알차게 살아가는 모습에 부러움도 느끼고 나름대로 행복한 노후생활을 보내는 것으로 보인다.

퇴직 후 살아가는 사람들을 통해 인생 후반기 삶을 4가지 유형으로 구분해봤다.

첫째 목표지향형 인간이다. 인생 후반기 삶의 목표를 명확히 정하고, 무엇을 하고, 보고, 베풀 것인지 계획하며 실행하려고 노력하는 사람이다. 배움에 적극적이고 새로운 도전에 주저함이 없다.

전국적으로 다양한 분야에서 시니어 모델을 모집하고 있다. 특히 두드러진 분야가 패션 분야다. 한복의 아름다움과 정통성을 알리고 시니어문화 형성과 치매 예방을 위해 2017년부터 '우리 옷 시니어 모델 선발대회'행사를 해 오는 분이 있다. 2020년에 4회째 개최됐다. 행사를 주관한 분은 김유석 전남과학대 공연예술모델과 교수다. 앞으로는 이러한 패션 분야 모델들의 활동이 더욱 두드러질 전망이다.

시니어 모델 등 삶에 적극적으로 도전하는 분들을 액티브 시니어라 한다. 액티브 시니어란, 경제력을 바탕으로 문화, 소비생활에 적극적이며 활동적인 노인세대를 이르는 신조어다. 이들은 모바일 환경에도 익숙하다. 활발한 SNS 활동을 하고 있다. 유튜브 구독자 130만 명을 보유한 박말례 할머니가 대표적인 사례다. 그녀는《박말례, 이대로 죽을 순 없다》라는 책도 출간했다. 이들은 낯선 길에 당황하지 않는다. 두려움도 없다. 오로지 목표만 있을 뿐이다.

두 번째는 현실 자족형 인간이다. 퇴직 후 취미생활을 하든, 새로운 일거리가 생겨 월급을 받든, 현재 생활에 행복을 느끼며 살아가는 사람들이다. 타인과 비교하는 삶이 아니다. 자기중심적인 삶이다. "인생 뭐 별거 있어? 아옹다옹하며 살지 말고, 대충 살아. 그렇게 용쓴다고 해서 달라지는 것 없어" 이런 분들은 고정관념이 아주 높은 분들이다. 그 어떤 이념을 주입한다고 해도 변화가 잘 안 되는 유형의 분들이다. 그동안 열심히 노력해서 재정도 안정돼있다. 새로운 도전은 잘 하지 않고 그동안의 경험 공간 안에서 안정과 평안만 추구하는 경향이 강하다.

《세로토닌 하라》저자 이시형 박사는 현재 나이 87세. 그는 늙지 않는 비결 중의 하나로 "우리 뇌의 편도체를 활성화하라"고 주장하고 있다. 현실 자족형인 분들은 편도체 활성화가 잘되지 않고 퇴화할 가능성이 크다. 특히 80대가 될 때 이러한 현상이 두드러질 것으로 보인다.

세 번째는 유유자적형 인간이다. 유유자적이란, '여유가 있어 한가롭고 걱정이 없는 모양이라는 뜻으로, 속세에 속박됨이 없이 자기가 하고 싶은 대로 마음 편히 지냄을 이르는 말'이다. 현실 자족형인 사람보다 더 편안한 상태를 의미한다. 유유자적 삶, 안분지족 삶, 구름에 달 가듯이 지내는 삶. 모두 비슷한 의미가 있다. 욕심이 없고 미련이나 후회도 없다. 사람과 긴장하고 스트레스를 맺는 것을 좋아하지 않는다. 당장에는 좋은 것 같지만 이러한 생활이 오랫동안 지속되다 보면, 인생 후반기 생활범위가 제일 빠르게 수축할 수 있어, 육체적, 정신적 노화가 빨리 진행되는 삶의 유형이다.

마지막 네 번째는 사회 탈피형 인간이다. 지금까지 살아왔던 생활 공간에서 완전히 벗어난다는 의미다. 퇴직 전 알고 지내던 인간관계를 정리하고 새로운 삶을 사는 분이다. 귀농해서 살아갈 수도 있고 자녀를 따라 외국에 갈 수도 있다. 현재 삶과 완전히 바뀐 삶을 살아가는 분들이다. 특이한 점은 새로운 관계 형성에 적극적이지 않다는 것이다. 퇴직 전 귀농해서 과수원을 운영하는 분도 봤다. 약초를 재배하는 분도 있었다. 이들의 공통점은 퇴직 전 생활하면서 맺은 인연들이 서서히 단절된다는 점이다. 2017년 사무관으로 승진을 같이 했던 동기생 중 한 분은 자녀를 따라 호주로 떠났다. 인생 2막은 호주에서 보낸다. 호주에서 무엇을 하고 생활하는지는 그분에게 두 번째 문제였다.

인생 후반기는 건강하고 행복한 삶이 기본이 돼야 한다. 정답은 없다. 하지만 앞으로 펼쳐지는 미래는 100세 시대의 삶이다. 오랫동안 건강하고 행복한 삶을 살 수 있는 삶의 유형은 목표지향형 인간이다. 도전을 멈추면 성장도 없다. 당장에는 불편이 있지만 결국 인생은 도전하며 성취하는 곳에 행복이 있다. 이것은 나의 관점일 수 있다. 인생 후반기 삶의 방향은 스스로 정해야 한다. 인생 후반기 자아상을 그려보자. 어떤 유형으로 살아갈 것인지는 자신이 선택하는 것이다. 그 방향대로 사는 것이 행복한 삶이다.

품 안의 자식을 놓아야
나도 성장한다

내가 아는 지인은 3년 전 퇴직해 부인과 단둘이 살고 있다. 두 자녀 모두 서울에서 직장에 다니기 때문이다. 자녀가 독립해 생활한 후 아내는 부쩍 짜증도 늘고 생활에 의욕도 많이 떨어졌다고 한다. 자녀가 대학에 입학하거나 직장을 얻어 타 지역에 거주하면 자녀 부재로 겪게 되는 외로움, 신경불안증 증세가 나타나는데 이것을 '빈 둥지 증후군'이라고 한다. 50대가 되면 자녀가 결혼, 직장, 대학 등의 사유로 이사해 새로운 가구를 형성하기 시작한다.

은퇴한 남편이 부인에게 다음과 같이 질문했다. 남편과 자식 중 함께 있을 때 즐거운 사람이 누구냐고 물었더니 남편보다 자녀와 같이 있을 때가 더 즐겁다고 응답했다. 통계적으로 보면, 남편보다 아내가 자녀 의존도가 높다. 아무래도 남성보다 여성이 폐경기를 겪게 되면서 가중되는 영향도 있다.

'품 안에 자식'이라는 말이 있다. 뭐든 스스로 할 수 없는 미성년자 자녀는 부모의 도움을 받으며 성장한다. 하지만 스스로 모든 것을 할 나이에 있는 자녀, 즉 정신적, 육체적, 재정적으로 독립을 한 자녀는 부모를 찾아오는 횟수가 점점 줄어든다. 다 큰 새가 둥지를 떠나듯, 성인이 된 자녀가 둥지를 떠나는 것은 자연의 이치다. 50대가 되면 자녀가 둥지를 떠나는 모습을 보더라도 있는 그대로 받아들이고 외로워하거나 쓸쓸해 하지 않아야 한다.

인생 후반기에 접어들면 심리적으로 받아들여야 할 것 가운데 하나가 고독과 외로움이다. 한 부모 가장으로 10년을 살아왔던 나는 고독과 외로움과는 절친한 친구라고 해도 과언이 아니다. "아니, 나이도 젊은데 지난 10년 동안 어떻게 혼자 살았어. 고독하고 외롭지 않아?"라는 말을 가장 많이 들어왔다. 40대 초반 아내와 사별하며 혼자가 된 탓에 퇴직 후에 겪게 될 고독과 외로움을 미리 학습하게 됐다. 책은 끔찍한 인생 수업을 해결해주는 묘약이었다. 그동안 많은 책을 읽고 스스로 깨닫게 된 것이 있다. 고독과 외로움은 인간 내면의 가장 밑바닥에 위치한다는 것이다.

법정스님 책들은 힘들고 어려울 때 내 영혼에 큰 울림과 치유를 줬다. 가슴속을 저미게 하는 명문장들이 많았기 때문이다. 그 문장 속에 숨어 있는 의미를 되새기며 고독과 외로움을 견뎌낼 수 있었다.

법정스님은 "부부 사이가 아무리 좋은 사람도 고독하고 외로울 때가 있다. 인간에게는 누구에게나 고독이 존재한다. 고독은 인생에서 동반해 가야 할 필수 친구다"라고 말했다. 고독이라는 친구를 어떤 감정으로 받아들일 것인지 두 가지로 구분해봤다. 고독은 느끼는 주체를 어떻게 보느냐에 따라 삶의 변화는 다르게 나타나기 때문이다.

첫 번째, 혼자 있으면서 고독하다고 느끼게 되면 수동적이며 부정적인 감정이 강하게 내포돼있다. 이런 상황이 지속되면 감정은 걷잡을 수 없이 불안정해지고 우울증세 등 신경불안증으로 연결될 수 있다. 일명 고독감을 느끼는 것이다. 고독감에는 쓸쓸함도 있고, 외로움도 있고, 허탈함도 있으며, 긍정적 감정은 없는 상태다.

두 번째, 혼자 있으면서도 혼자가 아닌 홀로 존재한다고 느끼는 감정이다. 이때 느끼는 마음상태는 능동적인 감정이며 긍정적인 감정이 내포돼있다. 이런 사람은 고독감을 느낀다고 하지 않고 고독력이 있다고 한다. 타인 속에 오롯이 내 존재를 부각하며 존재한다는 것이다. 어디서든 당당하며 외롭지 않다. 혼자 있으면서 고독감을 느낀다는 것은 타인 속에 고립되는 것을 의미하지만, 혼자 있어도 고독력 있다는 것은 고독을 즐기며 타인과 함께 나아가는 존재다.

인생 후반기에는 누구에게나 고독과 외로움이 다가온다. 자녀가 둥지를 떠나며 노후에 다가오는 쓸쓸한 감정은 고독력을 키워 이겨내야 한다. 고독력은 한순간에 키워지지 않는다. 헬스장에 가서 근력운동을 하듯, 고독을 키우는 힘도 꾸준히 마음속에 근력을 키워야 한다. 이것을 키우기 위해서는 내가 하는 일이 즐거워야 한다. 만약 현재 하는 일에 즐거운 것이 없다면 즐거운 일을 찾아야 한다. 취미 여가 활동을 해보는 것도 좋다. 혼자 하는 취미, 함께하는 취미 등 시간을 적극적으로 활용해보는 것이다. 바쁘게 보내는 시간에는 외로움이 들어갈 공간이 없다. 이런 시행과정에서 실수하고 속도가 더디더라도 상실감을 이겨내야 한다. 부부가 같이 있어도 너무 의존적이 된다면 홀로서기가 어렵다. 같이 가는 영원한 동반자라 해도 언젠가는 혼자 가는 쓸쓸한 존재임을 잊지 말아야 한다.

만나는 사람을
바꾸지 않으면
더 이상의 발전은 없다

"그날도 새벽 2시가 돼서야 집에 돌아왔다. 머리는 깨질 듯 아팠고 온몸은 녹초가 돼 있었다. 지난해 최고위 과정에서 만난 사장들과의 만남은 늘 이런 식으로 마무리됐다. 인맥을 넓히기 위해 들어간 최고위 과정에서 만났던 인사들과 함께하는 매월 정기모임 후의 내 모습이다. 처음에는 다양한 분야의 중요한 인물들과 만난다는 생각에 들뜬 마음으로 모임을 시작했지만 어느덧 나는 모임에 참가할수록 지쳐가고 있었다."

내가 아는 지인이 모임을 통해 만난 사람들과 보낸 시간에 대해 느낀 부분을 자조적으로 토로한 내용이다. 살다 보면 통상적으로 이런 유형의 경험을 많이 한다. 모임이든 회식이든 처음에는 분위기가 좋게 출발했던 것과는 다른 의도로 갈 때, 그냥 의식하지 않고 계속 지속할 것이냐 말 것이냐 하는 문제에 직면한다.

일생을 살면서 사람을 만나는 형태를 크게 세 가지 그룹으로 구분해봤다.

첫째는 혈연, 학연, 지연과 연관된 사람들이다. 혈연은 친인척, 학연은 출신학교, 지연은 특정 출신 지역과 관련된 사람을 말한다. 우리나라는 혈연, 학연, 지연을 빼고는 사회생활이 불가능할 정도로 영향력이 아주 컸다. 유교문화가 뿌리깊게 형성돼 있어 지금도 그 잔존 문화가 완전히 없어지지 않았다. 기업에서 사람을 채용할 때도 능력보다 특정지역, 학교 등이 우선시되는 폐단은 어제오늘의 문제가 아니다. 이런 만남은 첫 만남에도 낯설지 않다. 최근 신규 임용된 A 직원과 B 국장과는 고등학교 선후배 사이다. B 국장은 회식자리에서 A 직원이 후배라는 사실을 알았다. B 국장은 고등학교 총동창회 회장이다. 분명한 것은 학연이 연결된 것이 없는 것보다 조직생활에서 훨씬 유리하다는 것이다.

둘째는 직장생활이나 사업과 연관돼 만나는 사람 또는 고객들이다. 혈연, 학연, 지연을 제외하고 만나는 사람들을 말한다. 사업상 중요한 파트너, 고객이 될 수 있다. 사회생활을 하면서 이렇게 만나는 사람과의 인연을 잘 활용한다면 크게 성장할 수 있고, 잘못 만난 인연은 불운과 불행으로 연결될 수 있다. 직장에서 섬기는 상사, 교육이나 세미나를 통해 영감을 받은 사람은 인생의 멘토가 될 수 있다. 우연히 만난 사람이 인생의 터닝포인트가 될 수도 있다.

셋째는 취미활동과 같은 사생활을 통해 만나는 사람이다. 수영, 요가 등 동호회를 통한 만남, 각종 스터디를 통한 만남 등 다양한 사생활을 통해 사람과 만나는 것이다. 주로 SNS를 통해 소통하며 만난다. 요즘은 혈연, 학연, 지연보다 유대관계가 더 돈독하게 형성되는 추세다. 워라밸이 트렌드로 자리 잡으면서 이러한 만남은 늘어나고 있고 활성화되고 있다.

우리가 먹는 음식이 내 몸이 되며, 내가 만나는 사람이 나를 만든다. 음식도 선택해서 잘 먹어야 하듯, 사람도 잘 만나야만 한다. 내가 만나는 사람 5명이 나의 미래라고 얘기한다. 내가 누구를 만나느냐 하는 기준은 스스로 정해야 한다.

《알면서도 알지 못하는 것들》 저자인 김승호 회장은 인생에서 사람을 만나는 것을 나무에 비교한다. 고목나무에는 열매가 잘 맺지 않지만 최근 2~3년 안에 돋아난 가지에는 열매가 맺는다고 얘기하며 사람도 이와 똑같다고 했다. 50대가 되면 오랫동안 유지해온 인맥보다는 최근에 2~3년 만나는 사람을 통해 열매를 맺는 확률이 높다. 거꾸로 얘기하면 늘 만나는 사람을 통해 성장하는 것보다, 새로운 만남이 있어야만 성장도 되고 뇌도 활성화된다. 단순한 예를 하나 들어본다. 요즘은 카카오톡에 생일 알림이 표시된다. 그래서 손쉽게 생일 선물을 SNS를 통해주고받을 수 있다. 나는 혈연, 학연, 지연으로 인연을 맺은 분들에게 선물을 준 적도 없고 받은 적도 없다. 하지만 최근 인연이 돼 만났거나 SNS를 통해 소통했던 분들로부터 기대도 하지 않았던 선물을 주고받는다. 최근 인연이 되어 알게 된 분들은 작은 나눔으로 생활에 활력도 주지만, 성장에 디딤돌로 작용하기도 한다.

동창회 등 혈연, 학연, 지연과의 만남은 신선함이 적다. 그저 편안하고 안락하다. 뇌가 활성화되지 않는다. 50대가 되면 사고도 축소되기 쉽고, 사람을 만나는 범위도 줄어들 수 있다. 의식적으로 새로운 만남을 통해 정신적인 긴장을 만드는 것이 필요하다.

'옷깃만 스쳐도 인연이다'라는 말이 있다. 우리나라는 유교, 불교 문화에 뿌리를 두고 있어 만남에 의미를 아주 소중하게 생각한다. 하지만 사회생활을 통해 만난 인연은 그 인연에도 유효기간이 있다고 생각한다. 같은 목표와 방향이 지속되지 않는 한 그러한 만남은 세월 따라 퇴색되기 때문이다.

나는 한때 스키를 많이 타러 다녔다. 스킨 스쿠버도 오랫동안 다녔다. 스키, 스킨 스쿠버를 할 때는 같은 취미를 가진 사람들을 자주 만났다. 스키, 스킨 스쿠버를 중단한 이후 그들과 만나는 것이 자연스럽게 정리됐다. 내가 만나는 사람들이 맹목적으로 만나는 사람이 있는지 생각해볼 일이다. 이 모임이 단순한 친목모임인지, 아니면 어떤 의미를 두고 만나는 것인지, 친목모임이 당장에 결과가 없더라도 스스로 생각해볼 때 좋은 느낌이라면 중단할 필요는 없다. 하지만 본인이 하고 있는 모임 대부분이 이런 유형이라면 정리를 해야 한다. 법정스님은 다음과 같이 말했다.

"우리가 두려워할 것은 늙음, 죽음이 아니라 녹슨 삶을 두려워해야한다. 진정한 만남은 상호 간의 눈 뜸이다. 영혼의 진동이 없는 만남은 만남이 아니라 한때의 마주침이다."

만남은 즐거움과 울림이 있어야 한다. 즐거움은 있으나 울림이 없다면 공허하다. 지속되는 만남에서 뭔가를 느껴야 하고 의미가 있어야 한다. 그냥 부어라 마셔라 하며 친목 도모 형태로 지속되는 만남은 그저 공허할 수밖에 없다. 나무가 성장을 멈춘다면 고목나무가 되어 죽어 가는 나무가 된다. 이와 마찬가지로 나이가 들수록 의식적으로 다양한 사람을 만나야 한다. 늘 만나는 사람에게는 긴장과 새로움이 적다. 그저 편안하다. 새로운 만남이 줄어들면 녹슨 삶이 되기 쉽다. 성장도 거의 없어지고 정신적 노화로 연결되기 때문이다.

한 가지 반찬을 오랫동안 먹으면 식상한 것처럼 나이가 들수록 만나는 사람도 다양해야 한다. 내가 관심이 있는 분야, 내가 성장하는 재료는 사람이다. 단순한 친목 도모 인연은 서서히 줄여 나가고, 배우고 관심이 있는 분야는 인연을 넓혀 나가자. 공허함을 주는 만남은 줄이고 의미있는 만남을 통해 삶의 가치를 높이는 것이 중요하다.

인생 후반기 삶의 품격은
욕심을 거둔 절제로부터

평소 김 과장은 조용하고 품성도 바르며 일 처리도 능동적이어서 상관과 부하직원들에게 인정받고 있다. 하지만 직원들은 김 과장이 술을 심하게 많이 먹을 때는 이상한 술버릇이 있다는 것을 알고 있다. 집에 가지 않는 분위기를 조성한다거나, 평소 행동과 다른 막말을 하며 갑질을 한다. 김 과장은 자기의 이런 술버릇을 알고 있지만 개선이 잘 되지 않는다.

내가 아는 동호회 지인은 50대 초반이다. 그는 약속 시간을 잘 어기거나 불참하는 경우가 많다. "오늘 가려고 했는데 두통도 있고 어지러워 나갈 수 없어요. 너무 죄송해요" 열 번 중 반 이상이 이런 식이다. 사회적인 신뢰도 문제가 될 수 있지만 실제로 건강도 좋지 않다. 그는 건강식품을 구입해서 먹고는 있지만, 과연 그것만으로 건강이 회복될 것인가는 의문이다. 건강은 음식, 운동, 생활습관이 조화를 이뤄야 가능하기 때문이다.

두 사람에게 필요한 것은 절제다. 절제는 마음속에서 하고자 하는 강한 신념이 있어야 한다. 그 신념의 밑바탕에는 하고자 하는 강한 소망이 전제돼야 한다. "술을 많이 먹어도 절대로 추한 모습은 보이지 않을 거야", "내 몸을 건강하게 만들기 전에는 내 생활에 어떤 것도 우선될 수 없어"라고 스스로 선언을 하는 것이다. 마음속 생각을 자주 입으로 선언하면 소망을 표출하는 것이 되고, 이것을 되뇌다 보면 의식 속에 신념으로 자리 잡힌다.

> "무엇인가가 되고 싶다면 신념을 갖는 것이 그 첫걸음이다.
> 자! 신념을 갖자. 반드시 이루겠다는 신념을 갖자.
> 신념은 나의 사고에 생명을 주고 힘을 준다.
> 신념은 과학으로도 풀 수 없는 기적을 부른다.
> 신념은 나를 절망에서 끌어내 주는 마법의 약이다.
> 신념은 나의 고정관념을 파괴하는 다이너마이트다.
> 나는 이제 신념을 지녔다.
> 그러므로 무서운 것은 아무것도 없다.
> 우주의 모든 것은 내 편이다."
> ― 나폴레온 힐 《놓치고 싶지 않은 나의 꿈 나의 인생》

절제는 강한 신념 안에서 능력을 발휘한다. 신념이 약한 상태에서 오는 절제는 오래 지속될 수 없다. 또한 신념은 강력한 사고의 힘과 어우러져 큰 변화를 만들어낸다. 절제는 신념을 무시하고 절대 얘기할 수 없다.

"어휴 딱하지, 부인을 상처하고 두 아들과 어떻게 살려 하지. 부인이 때로는 꿈에도 자주 나올 거고 1~2년 특히 조심해라. 마음 단단히 먹어" 2010년 아내와 사별 후 만나는 사람마다 걱정스러운 충고로 들었던 말이다. 돌이켜보면 나는 큰 충격을 받았을 때 그 충격을 이겨낼 힘이 필요했다. 그 힘은 내 미래에 대한 강력한 소망과 신념을 갖는 것이라고 생각했다. 충격이 컸던 만큼 마음속에는 다음과 같은 강력한 소망과 신념이 자리 잡게 됐다.

'두 아들만 바라보고 일체 다른 곳에 한눈팔지 않으리라. 내 생애 후반기는 혼자 살 운명이야. 그러니 아이들 양육에 집중하고 절대로 다른 여자를 만나거나 재혼할 생각은 안 하는 것이 좋을 거야', '스스로 한번 생각해 봐. 배우자를 만나면 좋을 때도 있지만 힘들 때가 훨씬 많을 거야. 그러니 어떤 유혹이 오더라도 반드시 이겨낼 거야. 뜻하지 않게 혼자가 됐지만, 세상 앞에 당당히 사는 모습을 보여주고 말 거야.'

힘들 때마다 마음속으로 생각하며 다짐했고 머릿속에 되뇌며 삶의 의지를 불태웠다. 스스로 자기 암시화 하려고 노력했다. 최고로 힘든 순간이었던 그 당시 내 삶의 의지는 소망과 신념에서 비롯됐고 그 안에는 절제된 생활이 있었다.

절제하지 못하면 성공할 수 없다. 인생 전반기는 절제하지 못해도 치유되고 회복되는 기회가 많이 있다. 하지만 인생 후반기는 절제하지 못해 망가진다면 다시 회복할 가능성이 매우 작다. 따라서 인생 후반기에는 전반기에 했던 무절제한 실수를 반복하지 말아야 한다. 그래서 인생 후반기 가장 필요한 덕목 중 하나는 절제다. 국어사전에 절제는 '정도에 넘지 아니하도록 알맞게 조절해 제한한다'라 풀이돼있다. 절제와 비슷한 의미로 '과유불급'이 있다. '정도가 지나침은 미치지 못한 것과 같다'는 뜻이다. 절제하지 못하는 것도 과하다는 것도 마음에 욕심이 있기 때문이다.

인생 후반기엔 절제해야 삶의 목표를 달성할 수 있다. 일본의 유명한 관상가이자 운명학자 미즈노 남보쿠가 펴낸 《절제의 성공학》이라는 책이 있다. 세계 영향력 있는 수많은 리더는 이 책을 읽고 인생이 바뀌었다. 스노폭스 회장인 김승호 회장이 추천하기도 했던 이 책은 삶에서 절제가 얼마나 결정적인 영향을 미치는지 잘 말해주고 있다. '돈과 만물을 소중하게 여기고 절제해야 한다'고 얘기한다. 절제는 삶의 뿌리가 돼야 한다. 원하는 방향의 삶을 살고 추해지지 않으려면 절제해야 한다.

50대부터 마음속을 들여다보며 절제가 왜 필요한지 스스로 찾아야 한다. 아무리 사소한 것이라도 절제는 생활화해야 한다. 절제는 단시일에 습관으로 만들어지지 않기 때문에 늦어도 50대부터 연습이 필요하다. 젊어서 배운 좋은 습관은 나이가 들면 강력한 무기가 되기 때문이다.

인생 후반기 삶의 품격은 절제에서 나온다.

가을서리의 마음으로
나를 엄격히 다스리자

춘풍추상 액자가 청와대 비서동에 걸려 있다. 이 액자는 문재인 대통령이 임기 초반 비서동에 준 것이다. 춘풍추상은 청와대 비서실장을 비롯한 핵심참모 일부가 다주택자로 거론되며 언론의 주목을 받는 사자성어이기도 하다. 이 사자성어 얘기대로라면 이들이 보유한 다주택이 적절하지 않다는 것이다. 춘풍추상은 '대인춘풍지기추상'의 줄임말이며 《채근담》에 나온다. 남을 대하기는 봄바람(춘풍)처럼 관대하게 하고 자신을 지키기는 가을서리(추상)처럼 엄격하게 하라는 말이다.

우리 마음에는 길이를 재는 두 개의 물리적인 자가 존재한다. 하나는 고무줄 자이고 또 하나는 플라스틱 자다. 어떤 상황을 판단할 때 자기중심적이면 고무줄 자가 적용된다. 타인을 대할 때는 같은 상황인데도 플라스틱 자를 적용한다. '내가 하면 로맨스요 타인이 하면 불륜이다'라는 이중적인 잣대도 우리 마음에서 보는 관점에 따라 차별을 두기 때문이다. 따라서 마음은 늘 갈고 닦지 않으면 잘못된 방향으로 기울게 된다. 사람이 꼭 필요한 상황과 조건에 따라서는 자기중심적이어야 할 때가 있다. 그러나 자기중심적 사고방식은 될 수 있으면 하지 않아야 삶이 더욱 풍요로워진다. 자기중심적인 생각을 줄이면 줄일수록 타인을 더 많이 이해할 수 있기 때문이다.

사적이든 공적이든 모든 것은 객관적이지 못할 때 논란이 되고 문제가 생긴다. 앞서 언급했듯이 고위 공직자 가운데 일부가 다주택자로 지목되면서 정부 부동산 정책이 일반 국민 입장에서 볼 때 이중적인 잣대로 여기는 것도 하나의 예다. '모든 문제 원인은 내 안에 있고 타인에게 비롯된 것이 아니다'라고 생각하는 것은 현명한 처세술 중 한 방법이다. 다른 표현으로 '내 탓이요'다. 이것은 타인을 배려하는 마음이며 겸손의 자세다. 인생 후반기는 타인보다 자신에게 더 엄격해질 필요가 있다.

"자기 자신에 대해서 다른 사람들이 기대한 것보다 더 높은 기준을 적용하라."
— 헨리 와드비처

"자신에게 엄격하게 대하고 남에게 관대하게 대한다면 원망을 멀리할 수 있으리라."
— 공자

약속 시간을 정한 후 만날 때도 타인보다 자신에게 더 엄격하게 정하면 마음도 편하고 인간관계도 부드러워진다. 상대방이 5분 늦는 것은 이해해주고, 내가 1분 늦게 도착하는 것은 더 엄격한 잣대를 가지고 대인관계를 유지하는 것이다. 타인이 늦어지는 이유는 관대하게 생각하고 자신이 늦은 것은 어떤 이유 고하를 막론하고 재발하지 않겠다는 마음가짐이 필요하다.

자기 자신에게 엄격하지 못하는 이유는 인간의 본성과 연관이 있다. 인간의 본성에는 이기적 본성과 이타적 본성 두 가지가 동시에 존재한다. 작년 말까지 지난 10년간 총 10억 3,500여만 원을 기부한 키다리아저씨가 세간에 화재가 된 적이 있었다. 이분은 매년 평균 1억 원씩 기부했다. 근검절약하며 수익의 3분의 1을 소외된 이웃과 나누는 삶을 실천했다. '난 마중물일 뿐, 키다리 행진이 이어지길 바란다'며 소회를 밝혔다. 이처럼 생면부지 모르는 사람에게 금전이나 물품을 기부하든지, 자연재해로 어려움을 겪는 지역에 직접 자원봉사나 성금을 전달하는 행위는 이타심에서 비롯된다. 반면 자기중심적인 본성도 동시에 가지고 있다. 이것은 개인의 생존수단이요 개인의 성격과도 연관된다.

《기브앤테이크》에서 저자 애덤 그랜트는 인간의 본성과 관련해서 사람을 세 가지 스타일로 구분했다.

첫째 기브(give)형 인간이다. 성격 자체가 남에게 많이 퍼주는 스타일이다. 역사학, 정치학, 심리학 전문가들은 미국 역대 대통령 중 링컨 대통령을 명백한 '기버'로 분류했다. 종교지도자 또는 정치인들이 가져야 할 덕목이다. 성공하는 기버는 단순히 동료보다 더 이타적이기만 한 것이 아니라 자신의 이익을 도모하는 데도 적극적이다. 무조건 퍼 주는 스타일은 아니라는 뜻이다.

둘째 테이커(take)형 인간이다. 주는 것보다 받는 것을 선호하는 사람이다. 주로 얻어먹는 스타일이다. 자기가 가지고 있는 것에 비해 베푸는데 인색하고 받는 것을 선호하는 사람이다.

셋째 메처(macher)형 인간이다. 주는 것과 받은 것이 반반인 스타일의 사람이다. 대부분 사람이 이 부류에 속한다. 받는 만큼 돌려준다. 주는 만큼 자기도 받아야 한다는 생각이다. 이것을 호혜 원칙으로 본다.

인간의 본성에 따라 구분되는 사람의 3가지 스타일은 환경에 따라 바뀐다. 신앙이 없던 자가 종교를 갖고 신념이 생기면서 기브형 인간이 될 수 있다. 불치의 병을 얻은 후 감사한 마음을 가지면서 다른 삶을 사는 경우도 마찬가지다. 암을 극복한 후 남은 삶을 사는 사람들도 그 이전에 가졌던 삶의 스타일이 바뀌게 된다. 아무리 고등교육을 받았다 하더라도 그 필요성을 느끼지 못하면 근본적으로 행동이 바뀌지 않는다. 돈이 적어도 기부를 정기적으로 하는 사람이 있지만, 돈이 상대적으로 많아도 기부에 인색한 사람이 있다.

인생 후반기는 세상을 더 넓게 보는 시각과 행동이 필요하다. 나보다 타인을 배려하는 마음, 사회 약자를 측은히 여기는 마음은 사랑이다. 사람은 누구나 우리가 사는 사회와 자연에 빚을 지고 있다는 것을 잊으면 안 된다. 그래서 나이가 들면 자기중심적인 사고는 될 수 있으면 하지 않아야 한다. 감사하고 사랑하는 마음을 키워야 한다. 그리고 자신에게는 더 철저히 엄격해야 한다.

불운도 내가 만들고
운명도 내가 만든다

사람이 살면서 불행했던 일, 운명처럼 받아들여야 하는 일을 경험하지 않은 사람은 없을 것이다. 나는 지금까지 살아오면서 자신 있게 얘기할 행운과 불행 두 가지가 있다. 먼저 행운에 관한 내용이다. 운이 따른 영어공부는 내 삶에 큰 변화를 가져다 주었다. 중·고등학교 시절 영어에 흥미를 느낀 적도 없었고, 학부에서 영어 전공도 하지 않았다. 직장생활을 했을 때도 영어공부와는 담을 쌓고 지냈다. 그러던 중 영어를 하게 된 결정적 계기가 있었다.

2003년 11월 직원들과 호주와 뉴질랜드에 배낭여행을 갔을 때의 일이다. 그 당시 영어 단어라도 몇 개 떠올랐더라면 외국인과 대화를 할 수 있었을 텐데 말 한마디 못하는 자신을 보고 크게 충격을 받았다. 그 이후부터 영어공부를 시작했다. 회사에서 지원하는 각종 영어교육

프로그램에 참여도 했고 사설 학원도 다니며 짬짬이 시간을 내어 영어 공부를 했다. 토익점수가 700점이 넘으면 승진할 때 가점이 있다는 사실을 알고 토익 공부도 했다. 첫 토익점수는 300점대로 기억한다. 2년 동안 거의 매달 응시한 것 같다. 그렇게 도전한 결과 700점을 겨우 넘게 됐다. 토익 가점 덕분에 승진도 더 빨리 했다.

그 후 1년 동안 연수기회를 얻게 되어 온 가족이 함께 미국에 갈 수 있게 됐다. 영어공부를 하지 않았더라면, 토익 시험을 치지 않았더라면 나에게 이러한 기회는 없었다. 특히 미국 연수대상자로 선정됐을 때는 확실하게 운이 작용했다. 추가모집에 선정됐기 때문이다. 그 이후에도 꾸준히 영어공부를 한 덕분에 사무관 승진도 남들보다 더 빨리 할 수 있는 행운이 있었다.

두 번째 얘기는 내 삶에 불운과 불행에 관련된 내용이다. 미국에서 온 가족이 1년 동안 연수하고 귀국 후 한 달이 지난 시점에 집사람과 갑작스러운 사고로 사별하게 됐다. 이것은 내 삶에 최대 불행, 불운이라고 얘기할 수밖에 없다. 나에게 왜 이런 불행이 일어났을까. 신을 원망해도 죽은 아내는 되돌아오지 않았다. 아무 소용이 없었다. 삶을 놓아버릴 만큼 힘든 순간이었지만, 그저 받아들여야 했다. 세월호 사고가 일어날 것을 안 사람은 아무도 없듯이 나에게 불행이 찾아오리라고는 상상도 못 했다. 신혼시절 언론을 통해 갑작스런 사고로 남편이나 아내를 사별하는 뉴스를 보더라도 나와 관계없는 남의 얘기로만 생각 했었다. 세월호로 숨진 사람들, 그 가족의 불행, 그리고 운명을 생각했 다. 이를 통해 내가 겪었던 뼈아팠던 경험은 인간의 삶에 대해 많은 것을 깨닫게 해줬다.

삶은 한순간이다. 누구를 원망하기보다 있는 그대로를 받아들이라는 것이었다. 불교에서 1초를 이승과 저승을 가르는 시간이라고 한다. 신에게 1초 전의 세계로 되돌아가 달라고 아무리 애원해도 되돌릴 수 없었다. 죽은 자는 다시 돌아오지 않는 처절한 현실을 절감했다. '내가 무슨 잘못을 저질렀기에 나에게 이런 불행을 줬는가?' 라고 신을 원망했지만 달라지는 것은 아무것도 없었다. 그런 불만을 품으면 품을수록 오히려 정신만 황폐해져 갔다. 현실을 부정하고 비판만 해서는 달라지는 것이 아무것도 없다는 사실을 깨달았다.

한 부모 가장이 되면서 가계수입이 반 토막 난 것을 만회하기 위해 경매를 배웠다. 2017년 말 12명이 입찰에 참여해서 최고가로 낙찰받은 아파트가 있었다. 경매를 배웠고 운도 있었기 때문에 낙찰받았다. 경매는 이론과 경험이 아무리 뛰어나도 마지막 운이 없으면 낙찰받기 힘들다. 결국, 그 운도 노력하는 자에게 따라온다는 사실을 알게 됐다.

2010년 6월 미국 연수 시절 홀인원을 한 적이 있었다. "앞으로 3년 동안 운수 대통할 것이다" 그 당시 동반자들이 나에게 했던 말이다. 알고 보니, 골프에서 홀인원을 하면 "3년 동안 재수가 좋다"라는 속설이 있었다. 하지만 두 달 뒤 아내를 사별했다. 홀인원을 한 것과 나의 운은 상관관계가 전혀 없었다. 결국, 운도 내가 만들고 불운도 내가 만든다는 사실을 깨달았다.

불운과 운명을 사전에 찾아보면 인간의 범주가 아닌 초인간적인 힘의 영역으로 나온다. 우리나라는 전통적으로 불교, 유교, 사주 명리학을 토대로 역사와 문화가 발전해왔다. 모든 사물에는 영혼이 있다는 샤머니즘 사상, 풍수지리학, 점술, 무당 등도 우리 삶 속에 깊이 녹여져 있다. 종교가 있든 없든 좋은 꿈을 꾸면 해몽에 대해 궁금해서 철학관 또는 점집을 찾는다. 미래가 불안하거나 개인적인 고민이 있어도 찾는다. 사주 명리학은 사람이 태어난 연, 월, 일, 시를 기준으로 서로 다른 운명을 갖고 태어난다는 것을 이론으로 한다. 혼인 날짜를 정하는 것도, 부부가 합궁을 하는 것도 이 학문에 기초를 두고 있다.

사람의 운명은 과연 결정된 것일까. 운명결정론에 대해 생각해봤다. 내가 내린 결론은 "삶의 의지와 노력만 하면 운명도 바꿀 수 있다"라는 것이다. 《관상경영학》의 저자 김태연은 사람이 기질은 바뀌지 않아도 표정을 바꾸면 인생이 바뀐다고 얘기했다. 표정이 어두웠던 사람이 표정을 바꾸면 좋은 기운, 좋은 에너지를 받기 때문이다. 그래서 웃는 표정 연습을 3년 전부터 매일 연습하고 있으며 SNS에 올리고 있다.

역사를 거슬러 올라가 단순한 사회에서는 사람의 운명이 어느 정도 결정될 수 있었다. 하지만 현대 사회는 복잡다단한 세상이다. 거의 모든 것이 온라인으로 공유되는 세상이며 디지털 시스템에 의해 외부 환경과 끊임없이 영향을 주고받는다. 한마디로 예측 불가능한 세계에 우리는 살아가고 있다. 2020년에 코로나19가 전 세계에 휘몰아친다는 것을 예측한 사람은 아무도 없다. 또한, 코로나 이후 펼쳐질 세계가 어떻게 될지 아는 사람은 아무도 없다.

운명결정론 보다 운명 개척론이 더 적절한 표현이다. 노력하는 자에게 운도 따라온다. 아무리 노력해도 운이 따르지 않으면 되지 않는다. 운은 삶에서 반드시 따르기도 하지만 그렇다고 전적으로 운에 의지하는 것은 아주 위험한 생각이다.

《일취월장》에 보면, 살면서 필수불가결인 운을 대하는 세 가지 태도에 대해 언급하고 있다. 첫째, 운의 불확실성을 수용해야 한다. 둘째, 운의 영향력을 측정해야 한다. 셋째, 최악을 대비하는 습관을 기르는 것이다. 인생 후반기 운명은 스스로 결정하는 것이며 타인이 조절할 수 없다. 오직 신만 알고 있다. 그래서 삶은 능동적이어야 한다. 막연히 운을 따른다는 것은 수동적이다. 운명을 개척하는 것은 능동적인 삶이다. 인생 후반기 운을 스스로 만들어 갈 수 있는 능동적인 삶을 살자.

인생 후반기의 자존심은
빨리 버릴수록 좋다?

"애들아 준비물 다 챙겼니? 수영복도 넣었고? 차가 밀리니까 빨리 서둘러야 해~" 큰 아이가 초등학교 다니던 시절 여름휴가 기간에 물놀이장 갈 때의 추억이 불현 듯 생각났다. 우리 가족은 여행을 참 많이 했다. 내가 여행을 좋아했기 때문이다. 특히 온 가족이 미국에서 1년 동안 생활할 때는 미국 본토 절반을 다닐 정도로 시간만 나면 여행을 다녔다. 가족여행은 갈 때마다 신나고 즐거운 일이었다. 하지만 늘 그렇지는 않았다. 여행을 준비하거나, 여행 중에 아주 사소한 말다툼이 원인이 돼 여행 기분을 망치는 경우가 있었기 때문이다.

20대에 결혼해서 아내와 사별하기 전까지 15년 정도의 결혼 생활을 회상해봤다. 맞벌이 가정이라 자녀양육, 집안 살림살이를 하며 종종 다퉜다. 어느 가정이나 마찬가지로 발단의 원인은 자녀양육 등 사소한 일이 원인이 된 경우가 대부분이었다. 다투다가 감정이 상하면 얘기도 안 하고 오랫동안 지속되는 경우도 있었다. 그 중심에는 자존심을 지켜야 한다는 생각이 마음속 깊이 새겨져 있었던 것 같다. 그래서 고집도 많이 부린 것 같고, 화도 많이 내며 억지주장도 많이 한 것 같다. 나도 자존심이 강했고 아내도 강했기 때문이다. 자존심은 아무 의미가 없다는 것을 그 당시에는 몰랐다. 자존심을 지킨다는 것은 내 자아를 온전하게 하는 것으로 생각했다. 자존심은 지나고 나면 아무 의미도 아닌데 그 순간을 지키기 위해 에너지를 집중한다.

결혼하고 큰 아이가 초등학교 다닐 때 일이다. 2박 3일 제주도 여행 상품이 아주 싸게 나온 것을 우연히 알게 돼 온 가족이 함께 가기로 하고 2달 전에 예약을 마쳤다. 그런데 여행날짜를 1주일 두고 집안 문제로 심하게 다투며 사이가 아주 냉랭해지며 말없이 지낸 적이 있었다. 이런 분위기로 여행을 가봤자 의미가 없다고 스스로 결론을 내렸다. "이번 여행은 갈 분위기가 아닌 것 같으니 취소할게"라고 말했지만, 아내는 이에 대해 아무 얘기가 없었다. 쓸데없는 자존심이 부른 결과인데 이러한 자존심 게임은 줄어들지 않다가 40이 지나면서 서서히 생각이 바뀌기 시작했다. 무엇이 본질이고 본질이 아님을 명확히 알기 시작했다.

김홍식의 《자존감 산문집》에 보면, 사람이 세상에 태어날 때는 자존심 없이 태어나, 세상을 살면서 반평생은 자존심을 쌓고, 다시 그것을 허무는 데 남은 반평생을 보낸다고 얘기했다. 산문집 얘기가 구구절절 맞다. 반평생 동안 자존심을 쌓아 왔다면 남은 반평생은 더 즐겁고 행복하게 살기 위해 쓸데없는 자존심은 빨리 버려야 한다. 그러기 위해 원리원칙을 고수할 필요도 없고 원칙에 다소 어긋난다 해도 따지고 드는 것은 지양해야 한다. 내 주장이 맞다 치더라도 따짐을 당한 상대방의 기분은 이미 상해있고, 자존심도 구겨진다. 자존심은 버리고 싶다고 버려지는 것이 아니다. 50대부터 마음속에 자존심을 비워내는 연습을 해야 한다. 자존심은 버리면 버릴수록 새로운 기회도 많이 온다고 했다.

"사랑을 얻으려면 자존심을 버려라." – 앤드류 매튜스

"가난한 집에 태어날 때 특히 난처한 것은 자존심 강하게 태어나는 일이다." – 보브 나르그

자존심은 개개인이 살아왔던 환경에 영향을 받게 된다. '가난할수록 반드시 자존심이 강하다'라고 단언할 수는 없지만 가난한 환경에서 자란 것과 자존심은 어느 정도 상관관계가 있다. 나는 어릴 적 지독한 가난 때문에 새 옷은 입을 수 없었다. 친척이 입었던 옷을 물려 입고 다닌 적이 많았다. 그런데 누구에게 이 사실을 떳떳하게 얘기할 수가 없었다. 지나서 알았지만 그 당시 형편이 안 좋았던 많은 가정의 아이들이 새 옷을 입지 못하고 다녔다는 사실을 알게 되면서 상처 난 자존심이 회복되기 시작했다.

자존심이 외부에서 내적으로 영향을 받는 수동적인 것이라면, 자

존감은 외부환경으로부터 상처받지 않고 당당하게 견뎌내는 능동적이고 당당한 감정이다. 자존심은 버리면 버릴수록 마음에 풍요가 온다. 반면, 자존감은 가지면 가질수록 주도적이고 능동적인 인생을 살 수 있다. 자존심과 자존감은 별개 같지만, 인생에서 같이 움직이는 동력이다.

"수도 생활을 하는 은수자가 '산아 움직여라!' 여러 번 소리쳤지만 산이 움직이지 않았다.

여전히 꼼작하지 않자 수도자는 '산아, 네가 움직이지 않으면 내가 가면 되지 뭐!' 말하고는 군중 속을 헤치고 사라졌다."

이 우화를 읽고 은수자와 같은 수도자의 마음이 필요하다는 생각을 했다. 속된 말로 마음에 쪽팔림이 있다면 던져 버려야 한다.

쓸데없는 자존심은 버리면 버릴수록 좋은 기운과 기회가 온다. 자존심은 나를 버리고 낮추는 의미에서 비움과 겸손의 의미도 있다. 자존심을 버린다면 삶은 더 아름답고 행복해진다. 인생 후반기 쓸데없는 자존심을 버리면 버릴수록 버린 공간에 새로운 삶의 동력과 에너지가 찾아온다.

언젠가 가족과
사별할 수 있다는
마음가짐

"울 아버지 산소에 제비꽃이 피었다~ 먼저 가본 저세상은 어떤가요, 테스형~!" 가수 나훈아는 아주 힘들 때 아버지 산소를 찾아가서 쓴 글을 작곡해 부른 노래가 '테스형'이라고 한다. 테스형은 소크라테스가 아니라 어쩌면 돌아가신 아버지일 수도 있겠다 싶다. 인생 후반기는 그동안 살아온 날보다 살아갈 날이 점점 줄어들 수밖에 없다. "먼저 가본 저세상"이라는 가사는 마음에 위안을 주는 표현도 되지만 생각하기에 따라 슬픈 이별을 표현하는 의미심장한 말이다. 우리는 언젠가는 떠난다. 그 언젠가가 오늘이 될 수도 있고, 1분 뒤, 1초 뒤가 될 수 있다는 것을 전혀 알지 못한다.

우리는 죽는다는 사실은 알고 있지만, 그 언젠가가 당장은 아닐 거라는 착각 속에 살고 있다. 1~2년 안에, 적어도 10년 안에 가족 구성원이 죽을 일은 없을 것이라는 막연한 생각이 지배할 수 있다. 만약 내가 1년 안에 죽는다면 나는 어떻게 살아야 할까. 정해진 1년 안에 반드시 죽는다는 것이 확실하다면 현재 삶은 달라질 것이다. 인생 후반기가 되면 '언젠가'라는 말을 새롭게 해석하고 받아들여야 한다.

나는 10년 전 아내를 저세상으로 먼저 떠나보냈고, 형님, 큰 누님, 부모님도 모두 저세상에 가 계신다. "먼저 가본 저세상"이라는 나훈아 가사가 꼭 나에게도 던지는 질문 같았다. 가족 구성원 중 5명이 저세상으로 다 떠나버렸다. 남은 형제자매는 누님과 나 단둘밖에 없다. 가족을 저세상으로 떠나보낼 때 한없는 슬픔이 가슴속을 저며들면서 슬픔은 바다를 이뤘다. 세월 속에 눈물은 말라버리고 메마른 슬픔만이 내 가슴속에 잔잔한 아픔으로 남았다.

죽는다는 것은 삶에서 필연적인 과정이지만 받아들이기까지는 많은 학습이 필요하다. 인생 후반기에는 가족의 죽음, 특히 배우자의 죽음은 어느 날 갑자기 올 수 있기 때문이다. 가족과의 이별에서 내가 먼저 떠날 수도 있다. 저세상에 가는 것은 순서가 없다. 죽는 시기는 오직 신만이 알 수 있다. 배우자가 먼저 떠날 수도 있다. 상상할 수 없는 일이지만 이제 그런 상상을 현실 세계로 받아들여 삶을 내실이 있게 설계할 필요가 있다.

부부 사이가 아주 좋은 일명 '잉꼬부부'는 배우자가 먼저 사별할 경우 그 충격이 엄청나다. 한 사람이 먼저 떠난 후 그 슬픔에서 헤어나오지 못하는 경우가 있다. 배우자가 먼저 죽으면 남은 사람이 안정을 취하지 못하고 몇 년 내 돌아가시는 모습을 많이 봤다. 잉꼬부부든 아니든 배우자가 죽는다는 사실은 인생에서 가장 큰 충격이요 슬픔이다. 이것도 잘 견뎌낼 수 있는 선행학습이 필요하다. 나이 50세가 지나면서부터 지인들의 배우자가 사별하거나 본인이 상을 당했다는 통보를 많이 받는다. 나이가 지날수록 조사는 증가한다. 사유야 어떻든 가까운 친구나 지인의 죽음을 통해 우리도 죽음을 간접 체험할 수 있다.

40대 중반에 접어들 무렵 아내를 저세상으로 먼저 떠나보냈을 때를 생각해봤다. 세월이 지나 이제는 당당히 말하고 있지만, 그때의 충격은 가히 메가톤급이었다. 나이가 든다고 해서 그 충격이 줄어들지 않는다. 그래서 배우자의 죽음에 대해 대비하는 자세가 필요하다. 먼저 떠나보내는 이별 준비는 늘 마음속에 가지고 살아야 한다. "모든 것은 한때다. 우리는 언젠가는 떠난다" 이렇게 평범한 말도 늘 내 가족에게 나 자신에게 당장 올 수 있다는 것을 직시해야 한다.

인생 후반기가 되면 가족 구성원들도 뜻하지 않는 이별을 할 수 있다. 상상하기 어렵지만, 언론에서 그러한 불행한 뉴스를 많이 접했다. 방송인 송해, 이어령 작가, 탤런트 이광기 등 유명한 분들은 뜻하지 않게 자식을 먼저 보내는 불운을 겪었다.

나의 부모님도 자식의 죽음을 평생 가슴속에 묻고 생활했다. 2003년 큰 형님이 사고로 돌아가셨을 때를 회고해본다. 그 당시 어머니는 아들의 죽음으로 망연자실했다. "장가 한번 제대로 가보지 못하고 늘 고생만 하다 간 아들"이라며 눈물이 마를 날이 없었다. 제사 지낼 사람이 없어 유골은 산에 뿌렸다. 그런데도 명절날이면 형님 몫의 제삿밥을 떠서 제사를 지냈다. "내가 살아있을 동안에는 해야 한다"라며 어머니는 돌아가시기 전까지 명절 제사를 지낼 때마다 형님 제삿밥을 올려놓았다.

그런데 형님이 돌아가시고 5년 후인 2018년에는 큰 누님도 질병으로 돌아가시는 비극이 찾아왔다. 부모님은 살아계시는 동안 평생 두 자식을 가슴에 묻어두고 생활하셨다. 부모가 자식을 먼저 떠나보낸다는 것은 슬픔 중에서도 잔인한 슬픔이다. '우리도 실제 당할 수 있다'라는 생각을 간과해서도 안 된다. 받아들일 수 있는 마음의 자세를 미리 가져야 한다. 냉정하게 말하면 가족이 사별하더라도 마음의 준비를 단단히 하라는 것이다.

인생 2막을 살다 보면 죽음을 받아들일 수밖에 없다. 타인의 죽음, 가족의 죽음을 통해 인생을 더 깊이 있게 성찰하고 내실 있게 사는 계기가 될 수 있다. 50대부터는 죽음에 대해 진지하게 고민해야 하는 시기다.

2장

인생 후반기의
제1 덕목은
건강관리다

50대의 건강관리는
인생 후반의 나침반

내가 근무하는 회사조직에서 퇴직했던 많은 사람이 급격하게 늙는다거나 건강이 안 좋아지는 것을 봤다. 인생 2막의 건강관리를 퇴직 전부터 제대로 준비하지 못한 경우다. 이름만 얘기해도 다 아는 모 대기업 회장은 거의 7년 동안 병상에서 의식 없이 식물인간처럼 대부분을 누워서만 지내다가 작년 10월에 돌아가셨다.

나의 부모님도 질환으로 오랫동안 병원에 다녔다. 이웃집 다니듯 정말 자주 다녔다. 입원과 응급실을 이용한 횟수는 수없이 많았다. 복용하는 약도 밥 한 공기 정도가 될 만큼 양이 많았다. 약 종류가 많다 보니 부모님은 식전 식후 어떤 약을 먹어야 할지 모를 정도로 헷갈려 하셨다.

그동안 가족과 주위 분들, 사회 저명인사들이 건강으로 위기가 오고 고통스러운 삶을 살아가는 것을 자주 봤다. 적어도 인생 후반기에는 건강을 삶의 최고 목표로 삼아야 한다고 생각을 하게 된 이유다. 돈이 아무리 많다 해도, 아무리 명예가 높다 해도 건강이 무너지면 인생 자체는 고통으로 지낼 수밖에 없다.

인생 후반기의 가장 소중한 자산 가치는 건강이다. 건강해야 내가 뜻하는 목표를 위해 일을 할 수 있고, 그 속에 행복과 즐거움을 누릴 수 있기 때문이다. 인생 후반기에 본인 건강 때문에 가족을 힘들게 해서는 안 된다. 요즘은 과거와 달리 부모가 병에 걸리면 오랫동안 병시중할 가족도 없다. 나도 두 아들이 있지만 기대하지 않는다. 가족 가운데 한 사람의 건강이 안 좋으면 가족 전체가 힘들다. 가정에 행복도 없어지고 즐거움도 반감된다. 가족 중 누구 한 사람이 아프거나 입원이라도 하면 마음속에 돌덩어리 하나가 있는 기분이다. 휴가도 제대로 갈 수 없고 주말이 돼도 바람을 쐬러 어디 갈 수도 없기 때문이다.

건강은 건강할 때 지켜야 한다. 40대까지는 부모님이 물려주신 건강유전자로 지탱하지만, 50대부터 관리하지 않아 무너지게 되면 건강은 더 이상 회복되지 않는다. 50대는 건강에 대해 사전 예방 관리가 철저히 요구되는 시기다. 특히 성인병에 걸리지 않는 것이 중요하다. 성인병 초기 증상이 있다면 완치될 때까지 사활을 걸어야 한다. 예를 들어 혈압이 살짝 높아 초기 고혈압 가능성이 있다는 진단을 받았다면 혈압관리에 올인해야 한다. 몸은 정직하다. 하루아침에 갑자기 건강이 무너지지 않는다. 건강이 최악으로 가기 전까지 적신호를 자주 보낸다.

50대부터는 누구나 갱년기가 오면서 신체적 노화를 경험한다. 몸의 변화를 가장 많이 느끼고 알 수 있는 시기다. 건강을 지키기 위해 건강에 대한 정보와 지식을 알아야 한다. 가장 효과적인 방법은 책을 읽는 것이다. 건강 관련 책 몇 권을 소개하고자 한다. 한근태 박사가 집필한《몸이 먼저다》와 정신과 의사 이시형 박사가 집필한《이시형처럼 살아라》다. 이 책 저자들은 건강관리를 직접 실천하며 살아가는 분들이고 내용이 알차게 구성돼 있어 실천하는 데 도움이 많이 됐다. 또 다른 책은 'KBS 생로병사의 비밀'에서 출판한 가난한 밥상의 기적《소식》, 서재걸 박사가 집필한《서재걸의 해독주스》가 있다. 이 책들을 읽고 소식(小食)을 실천하고 있으며 해독주스는 아침, 저녁 2회씩 1년 이상 꾸준히 마셔오고 있다. 시중에 건강 관련 책은 많이 있다. 책을 통해 건강 관련 정보와 지식을 습득해 실행하는 것이 중요하나.

나는 건강을 지키기 위해 실천하는 세 가지 원칙이 있다.

첫째, 운동이다. 운동은 신진대사를 원활하게 해준다. 50대가 되면 유산소 운동과 근력운동을 병행해야 한다. 매일 30분 조깅, 턱걸이, 아령, 스쿼트를 한다. 주 2회 수영과 요가도 한다. 주의할 점은 건강을 유지하기 위해 운동에 중독되지 않아야 한다. 운동이 과하면 오히려 건강유지에 독이 될 수 있다. 운동은 적당하게 몸에 맞게 하는 것이 중요하다.

둘째, 음식이다. 내가 먹는 것이 내 몸이 된다. 세상에서 가장 좋은 음식은 적게 먹는 것이다. 아무리 좋은 음식도 과식하게 되면 독소를 만들고 비만을 유발하기 때문이다. 그래서 소식이 중요하다. 어떠한 제품이든 성능 기준 대비 100% 이상 가동하면 고장이 빨리 나게 된다. 그리고 50대부터는 균형 있는 영향 섭취를 통해 소식하는 것이 중요하다. 《소식》 책에는 위 용량의 70~80%를 먹으라고 한다. 한참 맛있는데 식사를 중단하기는 어렵다. 하지만 체질을 바꾸고 건강을 유지하려면 소식해야 한다.

식습관은 어지간해서 잘 바뀌지 않는다. 나의 경우 식습관을 바꾸게 된 계기는 한 부모 가장이 되면서부터다. 혼자 살면 아플 때 견디기 힘들다. 어느 누구 하나 챙겨주는 사람 없이 스스로 해야 하기 때문이다. 나는 음식 섭취량을 하루 먹는 총 양으로 관리한다. 만약 점심을 과식했다면 저녁은 건너뛰거나 적게 먹는다. 식사순서도 과일을 먼저 먹고 밥을 나중에 먹는다. 서재걸 해독주스는 매일 아침과 저녁 식사 전에 먹는다. 해독주스 재료도 아주 간단하다. 브로컬리, 당근, 토마토, 바나나, 사과, 양배추 총 여섯 가지다. 공복 시간은 길게 해주고, 하루에 2ℓ 이상 생수나 차 종류를 마시면 좋다. 또한, 음식에서 중요한 것 중 하나가 인스턴트, 가공식품 그리고 밀가루 제품은 되도록 피해야 한다. 여행에서 햄버거를 먹게 되는 경우 등 불가피하면 먹지만 맛집이라 해서 일부러 찾아가서는 먹지 않는다.

사람들이 건강관리에 실패하는 원인 중 하나가 식습관이다. 인간의 가장 참기 힘든 욕망 가운데 하나가 식욕이다. 식습관을 개선하지 않고 건강을 찾기는 거의 불가능하다. 요즘은 먹을 것이 넘쳐나는 세상이다. 먹는 것을 가려 먹지 않으면 음식이 독이 되는 시대다. "먹고 죽은 귀신 때깔도 좋다", "밥 한 알도 남기지 말고 깨끗이 먹어라" 등 음식과 관련된 말은 많이 들어 왔다. 먹고 살기 힘든 시절에나 통용되는 말이다. 과식하면 소화기관은 음식물을 소화하는데 과부하가 걸린다. 결국, 우리 몸을 음식물 처리장으로 만들어 버리는 꼴이 된다. 몸에 좋은 음식은 쓰다. 하지만 가공식품 MSG에 익숙해진 입맛은 소화기관에는 엄청난 무리를 준다.

마지막으로 규칙적 생활과 수면이다. 이것을 생활화하면 스트레스는 최소화되고 몸의 컨디션은 최고로 높아진다. 아무리 운동을 하고 음식을 조절하더라도 규칙적인 생활이 안 되면 육체적, 정신적인 컨디션을 조절하기 어렵게 된다. 불규칙한 생활이 결국 스트레스로 누적될 수 있어 건강에 악영향을 준다. 나는 주말, 평일 예외 없이 밤 11시에 잠자리에 들어 새벽 4시에 기상한다. 그리고 정신적 건강을 위해 독서와 명상을 한다.

50대 건강이 인생 후반기 삶의 질을 좌우하는 것을 명심해야 한다. 50대 건강을 유지하면 60대를 건강하게 맞이할 수 있고, 60대 건강습관은 그다음 10년간의 건강유지에 영향을 준다. 그러기 위해 50대부터 체계적이고 계획적인 건강습관을 만들어야 한다. 100세 시대 내 몸이 건강하면 행복의 문은 열려있다. 돈도 벌 수 있다. 취미 활동도 할 수 있다. 사람을 만나도 즐겁다. 내가 하고 싶은 것들을 빠짐없이 챙겨가며 인생을 즐길 수 있다.

Why를 자주 던지고
답은 스스로 구하기

살면서 자신에게 가장 많이 던져야 할 질문은 Why다. Why는 근원적이고 원초적 질문이다. 지금 하는 모든 일은 Why로 물을 수 있기 때문이다. Why는 문제의 근본적인 원인을 스스로 찾아가야 하는 필수 과정이다. 타인이 아무리 좋다고 해도 내가 좋은지 안 좋은지 묻는 과정이 Why다. 조용히 눈을 감고 생각해보자. 인생 후반기는 건강이 왜 가장 중요한지, 그렇다면 50대부터 건강을 유지하고 지키는 것이 왜 중요한지 스스로 질문해보자. 본인 스스로 Why에 대한 명확한 답을 찾아야 한다.

명확한 이유를 스스로 찾아내기 위해 박신영의 《기획의 정석》 책 내용 가운데 4MAT시스템을 적용하면 좋다. "인생 2막에서 가장 중요한 것이 뭘까? 건강이 가장 중요할까? 건강이 중요하다면 지금 무엇을 준비해야 할까? 인생 후반기에 건강하면 어떤 것이 좋아질까?" 이렇게 건강을 주제로 4MAT시스템을 적용해보자.

4MAT시스템이란 'WHY, WHAT, HOW, IF' 이 네 가지를 말한다.
① (Why) 50대에는 왜 건강을 유지하는 것이 중요할까, 60대나 70대에 하면 왜 늦은 걸까.
② (What) Why에 대한 명확한 이유를 찾았다면 건강을 유지하기 위해 무엇을 해야 할까. 건강을 유지하기 위한 What을 스스로 찾는 과정이다.
③ (How) 건강을 유지하기 위해 찾아낸 What을 어떻게 실행해야 하는지 구체적으로 설정하는 단계다.
④ (If) Why, What, How의 세 가지를 꾸준히 실행해 만약 50대부터 건강을 유지하는 습관을 들인다면 인생 후반기 나에게 어떤 행복과 성취감이 있고 이로 인해 삶이 어떻게 달라지는지 생각하는 것이다.

건강을 인생 후반기 삶의 최우선 목표로 정했다면, 50대부터 건강관리를 시작해야 하는 이유를 구체화해 자기만의 건강관리 프로그램을 만들어 실천해야 한다. 지금까지 건강하지 못했던 이유는 스스로 잘 알 것이다.

예를 들면, 매년 초 헬스장이나 체육시설을 6개월 내지는 1년을 등록하고 난 후 끝까지 다니기가 힘든 경우가 많다. 보통 2~3개월 다니다 중단하거나 길어야 6개월이다. 이런 경우라면 아직 건강에 대한 절박감이 없다는 얘기다. 건강을 지켜야 하는 이유, Why에 대해 명확히 알고 실행함으로써 이것을 최종적으로 습관화되도록 만들어야 한다.

50대 A 씨는 육류 위주의 음식을 즐겨 먹고 퇴근 후에는 친구 또는 지인과 술을 자주 마시는 편이다. 1주일에 평균 3~4회는 기본이다. 예전에는 매일 술을 마셔도 다음날 아무 이상이 없었는데 요즘은 술을 먹고 나면 다음 날 체력적으로 힘들다는 느낌을 받는다. 몸에서 뚜렷하게 나쁜 증상이 있는 것은 아니지만, 술을 줄이고 채식 위주 식사를 해야겠다는 생각을 하고 있다.

일단 A 씨의 경우처럼 몸에서 뚜렷하게 나쁜 증상이 나오지 않으면 식습관 생활습관을 바꾸기는 쉽지 않다. 몸을 관리하고 건강을 챙기는 사람들은 공통점이 있다. 이들 대부분은 신체적으로 약하거나 건강이 안 좋았던 경험이 있다. 평소 건강한 사람들은 건강에 신경을 쓰지 않는 경우가 많다. A 씨 같은 경우도 건강을 염려하지만, 굳이 개선하려는 절박함은 없다.

건강은 스스로 중요하다고 자각하고 실천하는 것에서부터 시작한다. 자각을 아무리 하더라도 실천하지 않으면 아무 의미가 없다. 그래서 절박감이 있어야 한다. 절박감을 스스로 만들고 지속할 수 있으면 가장 좋지만, 주변 지인들이 건강이 안 좋아지는 것을 간접 경험함으로써 변할 수 있다.

누구나 한두 번쯤은 친척 또는 지인이 술을 많이 마셔 간암 진단, 담배를 많이 피워 폐암 진단을 받은 이후 사망한 경우를 많이 봤을 것이다. 내가 근무했던 사무실의 직장 동료는 간암 진단 후 3개월도 되지 않아 사망했다. 코미디언이자 정치인이었던 이주일(본명 정주일)도 담배를 오래 피워 폐암으로 사망했다. 다시 한 번 강조하지만 스스로 깨닫고 절박감을 느끼게 되면 그 절박감이 동기부여를 지속해주고 결국 변화의 원인을 제공해준다.

50대 건강을 유지해야 하는 근원적인 물음에 대한 답을 찾았다면 그다음 단계는 절제다. 절제는 실천하고자 하는 동기를 더욱 강하게 해주는 무기다. 하지만 반드시 고통이 따른다. 예를 들어 술을 줄이지 못하고 담배를 끊지 못하는 것도 절제하지 못하기 때문이다. 절제의 뿌리는 Why로 거슬러 올라간다. Why에 대한 답을 분명히 찾아야 절제의 힘도 강해진다.

50대 김 과장은 스트레스를 받는 날이면 어김없이 저녁에 술로 푼다. 술을 마시면 2차, 3차로 가는 경우가 많다. 술 마시기 전에는 1차만 하고 집으로 가려고 하지만 의지대로 되지 않는 날이 반 이상이 된다. 김 과장은 이 술을 절제하는 이유인 Why를 스스로 찾아야 한다. 세상에 절제 없이 되는 것은 아무것도 없다. 하고자 하는 것에 대한 이유를 찾기 위해 Why가 있다면, 실행하는 데에는 반드시 절제가 기본이 돼야 한다.

김 과장의 경우처럼 절박한 이유를 찾지 못하는 사람들은 그때그때 상황에 따라 판단하게 돼 무절제한 생활로 가기 쉽다. 절제에는 어떤 경우에도 흔들리지 않는 신념이 필요하다. 절제하는 것도 연습과 훈련이 있어야 하고 절제를 했다면 자신에게 보상도 필요하다.

아무리 건강한 50대라도 건강에 대한 깨달음이 없이 무분별하게 생활한다면 결국 60대에 위기가 찾아오게 된다. 스스로 건강에 대해 Why를 묻고 실천해야 한다. 그것이 습관으로 될 때까지 꾸준히 해야 한다. 우리는 건강에 대한 기본 지식과 정보를 몰라서 실천하지 않는 것이 아니라 절박감이 없기 때문이다.

인간의 가장 왕성한 욕구 중 하나인 식습관은 건강에 아주 중요한 요소다. 식습관을 개선하지 않고 건강을 기대하기 어렵다. 식습관도 근본적으로는 Why로 묻는 것에서 출발한다. 밤늦게 먹는 야식이 왜 안 좋은지, 잦은 육류섭취가 안 좋은 이유가 무엇 때문인지, 내 몸에 어떤 영향을 주는지 근원적인 물음에 답을 찾아야 한다. 그 답에 진정 변해야 한다는 절실한 마음이 있어야 한다. 마음에 울림이 없는 것이 답이 되면 실천 의지도 부족해지고 결국 변화할 수 없다.

스트레스, 불면증, 신경쇠약증, 무기력 등 정신건강도 50대에 점검하고 치유해야 할 과제다. 모든 것에는 원인과 결과가 있듯이 가장 먼저 문제의 원인을 내 안에서 찾아내야 한다. 지금까지 살아왔던 날을 생각해보자. 결국, 내 생각과 정신이 문제의 출발이 됐기 때문이다. 그래서 각자 처한 문제에 대한 명확한 이유도 Why를 통해 스스로 찾는 것이 중요하다. 내 안에 수많은 가시나무새가 있다. 50세까지 살았다면 얼마나 많은 사슬이 얽히고설켜 있겠는가.

어쩌면 육체적 건강보다 더 중요한 것이 정신건강이다. 육체와 정신은 하나다. 마음이 불안하면 얼굴에 그늘이 진다. 그 사람의 생각은 표정으로 나타나게 돼있다. 평소 부정적인 사고는 건강에 치명적이다. 50대에 정신적 건강, 육체적 건강을 반드시 지켜야 하는 명확한 이유를 스스로 찾아 건강한 생활습관을 만들자. 그러면 인생 후반기는 태양이 활짝 비칠 것이다.

거품을 쫙 뺀
심심한 삶이
수명을 연장한다

"이 주무관 복사 좀 부탁해. 오후에는 환경업무 구·군 업무 회의가 있는데 예약한 회의실 확인하고 세팅해야 해" 회사의 말단 사원부터 시작하면 잡다한 일은 기본이다. 회사 초임 시절에는 몸은 바빴지만 일과는 복잡하지는 않았다. 인간관계가 그렇게 많이 형성되지 않았기 때문이다. 하지만 직장생활이 오래될수록 많은 사람을 만나게 되면서 삶은 복잡하게 연결된다. 하루가 과거보다 바쁘게 지나간다. 세월 따라 인맥이 많아지면서 삶의 흔적이 쌓이기 때문이다.

내가 근무하는 조직의 50대 A 과장은 보통 8시 30분에 출근한다. 9시에는 온라인 확대 간부회의에 참석한다. 코로나로 대면회의가 줄어들었기 때문이다. 확대 간부회의가 끝나면 부서장들은 실·국장실 회의에 참석한다. 보통 직위가 국·과장 또는 팀장만 돼도 직원관리와 업무관리 등으로 육체적, 정신적으로 쉴 틈이 없다. 고위직으로 올라갈수록 정책 결정을 위한 정신적 스트레스를 많이 받는다. 육체적 노동 못지않게 정신적 스트레스도 건강을 위협한다. A 과장은 퇴근 후 1주일에 2~3번 정도 밖에서 저녁 식사를 한다. 개인모임, 가족행사 등으로 주말에도 조용히 쉬는 날이 드물다. 한 달에 책 1권도 읽을 여유가 없어 보였다.

　우리 모두 A 과장처럼 쫓기듯 삶을 살아오고 있는지 생각해봐야 한다. 그동안 살아왔던 삶이 바쁘고 넘치는 삶이었다면, 50대 부터는 다이어트 하듯 삶의 거품을 줄여나갈 필요가 있다. 건강을 위해 비워내야 한다. 50대가 되면 가끔 홀가분한 생활, 또는 심심한 생활이 필요한 시기다. 홀가분한 것과 심심한 생활은 조금은 차이가 있지만, 두 가지 생활의 본질은 내면에 있는 자신을 만나는 것이다. 지나온 시절이 복잡하고 자신을 돌아볼 시간이 없었다면 이제는 자신을 돌아보는 시간을 만들어야 한다. 아무리 맛있는 음식도 과식하면 몸이 거북하듯, 하루 생활도 빡빡한 스케줄로 보낸다면 숨 쉴 여백이 없어 몸과 정신은 지치게 된다.

　일과를 빈틈없이 살아왔던 나를 돌아봤다. 아침부터 저녁까지 심심하게 느껴본 적이 없다. 마음속은 여유롭게 해야겠다고 생각하면서 몸은 종일 빡빡한 듯한 일과를 보냈다. 만약 어떤 일이라도 원래 정해진 시간에 마무리 못 하면 빨리 마무리해야겠다는 강박관념이 정신 한 구석을 맴돌았다. 마음 편하지 않게 된 내 자신을 발견했다. 한근태 박사가 집필한《몸이 먼저다》를 읽고 실천한 것 한 가지는 심심한 생활이다. 나는 저녁 시간에 특별한 약속을 잡지 않는다. 심심한 생활을 실천하기 위해 평일 저녁 시간에 특별한 약속이 없는 한 곧바로 집으로 간다.

심심하다는 것을 다르게 얘기하면 복잡한 것을 내려놓는 것을 의미한다. 하고자 하는 일에 우선순위를 두고 정리할 것은 정리하며 단순화시키는 것이다. 내려놓고 단순화시켜 신경 쓸 것이 없어져야 심심해지기 때문이다. 심심해지면 생활에 여백이 생기게 되고 그 틈으로 사색의 시간이 들어온다. 심심한 삶의 최종 목표는 내면의 나를 만나는 시간을 늘려주는 것이다. 이를 통해 육체적 건강은 물론 정신적 건강을 챙길 수 있다.

심심한 삶을 살기 위해서는 그동안 살아왔던 습관을 바꿔야 한다. 이것은 빼곡하게 자란 나뭇가지를 정리하는 것과 같다. 내 안에 가지치기하려는 의지가 확고하지 않으면 그동안 살아왔던 복잡한 삶의 방식을 그대로 살게 된다. 그래서 결단이 필요하다. 어떤 결정을 내릴 때마다 절제해야 한다는 생각을 몸에 익혀야 새로운 습관을 만들 수 있다. 퇴근 후 모임에 가지 않거나 줄이는 것도 절제가 밑바탕에 있어야한다. 저녁 약속을 잡을 때도 순위를 매겨 불필요한 약속은 잡지 않는 것이 좋다. 약속이 없는 저녁 시간은 생활의 여백을 만든다. 생활의 여백에서 심심함도 느끼고 사색도 하면서 정신건강을 얻을 수 있다.

오랫동안 술을 마셔왔고 골프도 치며 생활했던 동료직원이 최근 병가를 냈다. 암이 의심되는 초기질환이 발견돼 수술을 받기 위해서다. 그러면서 그동안 마셨던 술, 골프도 끊고 만나는 사람 등 모든 것을 정리한다고 했다. 1~2년 안에 4급 서기관도 생각했던 목표를 포기하고 명퇴까지 고려한다는 말까지 했다. 한마디로 그동안 해왔던 생활을 완전히 탈피해 단순한 생활로 바꾸는 것이다. 나는 건강으로 주변 지인들이 무너지는 것을 봤기 때문에 거품을 줄이는 생활로 바꾸는 것이 어렵지 않았다.

심심한 생활을 하게 되면 고독과 만난다. 파블로 피카소는 "인간에게 고독이 없다면 그 어떤 것도 만들어질 수 없다"고 했다. 고독을 통해 정신건강을 강화하는 시간으로 삼아야 한다. 심심한 생활은 지쳐있던 정신건강에 신선한 공기와 에너지를 주는 것이기도 하다.

또한 심심한 생활을 통해 쫓기지 않는 삶을 만들 수 있다. 아주 바쁘게 살아왔던 삶의 패턴을 벗어나 속도 조절을 할 수 있다. 때로는 70~80% 성과만 달성해도 만족하는 마음의 여유가 필요하다. 생활 패턴도 복잡하지 않고 단순화하면 좋다.

심심한 삶에는 새로운 것이 들어가는 공간이 많이 있다. 꽉 차고 넘치는 곳에는 그런 여백이 없다. 음식도 과식보다 부족한 것이 좋다. 활동량을 줄이면 보이지 않았던 세계가 보인다. 모든 제품은 가동 용량 대비 풀 또는 그 이상으로 사용하게 되면 고장이 빨리 난다. 우리 몸과 마음도 마찬가지다. 적게 먹고 생활에서 조금의 여유 있는 삶, 즉 심심한 생활을 지속하게 되면 정신적인 풍요가 찾아온다.

삶의 주인인 자신에게 묻고 또 물어 심심한 삶으로 전환해보자. 삶의 목적이 사람마다 다르다. 심심한 삶을 살아가는 것에 스트레스를 받고 적응을 못 하는 사람은 분주한 삶을 살아야 한다. 스트레스를 받으면서까지 심심한 삶을 추구할 필요는 없다.

분명한 것은 심심한 삶이 주는 풍요로움이 있다. 그 풍요로움은 아는 자만이 즐길 수 있다. 따뜻한 차 한 잔 마시며 하늘을 볼 수 있는 여유도 심심한 삶에서 찾는다면 행복하다. 심심한 시간에 사색도 하고 나를 돌아보는 시간이 필요한 순간이다. 심심한 생활을 즐기면 건강하게 오래 살 수 있다.

세련된 옷차림은
몸과 마음을
건강하게 한다

"야, 너는 키 작은 땅딸이야. 얼굴도 크고 머리도 크네!" 중·고등학교 학창시절에 가장 많이 들었던 얘기다. 놀림을 받았다는 표현이 정확하다. 그래서 키 크기를 키우는 운동기구를 구입했다. 매일 아침, 저녁에 운동했다. 그러나 키는 170cm를 넘지 못했다. 부모로부터 받은 유전적인 요소, 가정 형편상 충분한 영양섭취를 못 한 원인 등으로 생각했다. 키 크고 날씬한 친구들이 부러웠다. 대학교를 졸업한 후 사회생활을 하고 직장생활을 하면서도 외모 콤플렉스는 오랫동안 내 삶을 지배해왔다. 무의식 속에는 키 작은 것과 얼굴이 큰 것 등 신체적인 결함이 생각과 행동에 영향을 주었고 자존감에도 상처를 받게 되었다.

직장을 잡고 사회생활에 적응했음에도 세련되게 옷 입는 방법도, 옷 사는 요령도 몰랐다. 그냥 단순하게 비싼 옷이 좋아 보였고, 유명상표 옷이 품격을 높여주는 것으로 착각했다. 옷을 사러 매장에 가면 점원의 말에 부화뇌동 되는 경우도 많았다. "안 사도 좋으니 가게 안으로 들어오셔서 한번 입어 보세요. 와우! 사장님께서 이 옷을 입으면 정말 때깔 납니다. 옷이 너무 잘 어울리십니다" 이렇게 해서 산 옷을 집에 와서 입어 보면 후회하기 일쑤다. 구입한 후 조금 입다가 안 입는 옷이 허다했다. 옷장은 입어 본 옷 중에서 불편하고 버리기는 아까운 옷들이 너절부래하게 널려 있었다.

결혼하고 직장생활을 하게 되면서 뱃살도 늘어갔다. 사는 것이 숨 쉴 틈 없이 바쁘고 세월은 더욱 빠르게 지나가면서 신체적인 외모 콤플렉스도 무디어져 가는 자신을 발견하게 됐다. 당연히 옷 입는 것도 특별히 신경을 쓰지 않게 됐다.

"결혼 후 몸무게도 조금 늘고 아랫배도 조금씩 나오기 시작하더니 40대가 되면서 체형이 완전히 바뀌었어. 친구야 20, 30대 젊은 시절에는 옷도 자주 사서 입었어. 그런데 먹고 살기 바쁘다 보니 외형에 신경 쓸 겨를이 없어. 옷 입는 것이 뭐 그리 중요해. 그냥 있는 옷 입으면 되지. 옷 입는 것도 여유가 있어야 하는 것 아니야" 초등학교 동창 모임을 갔더니 절친했던 친구가 푸념을 늘어놓는다. 친구의 얼굴과 외모에서 삶의 고단함이 보였다.

친구에게는 삶의 고통과 무게감이 고스란히 외모에 나타난 것이다. 삶에 고통이 지속되는 사람이면 아무리 잘 차려입어도 외모에 표시가 난다. 외모는 내면의 창과 연결이 돼 있기 때문이다. 평소 마음에 근심 걱정이 많은 사람은 외모에도 영향을 준다. 먼저 몸을 건강하게 하는 조건은 삶의 여유와 관계 없이 반드시 갖춰야 한다. 건강을 위해 삶의 여유와 풍요는 스스로 찾는 것이 중요하다.

외모의 변화는 삶의 여유와 직접적인 관계는 없다. 내 몸에 관한 관심과 사랑만 있으면 충분하다. 아무리 돈이 있고 여유가 있어도 외모에 관심이 없는 사람이 있지만, 삶에 여유가 없어도 세련되고 깔끔하게 보이는 사람이 있다. 세련된 외모를 꾸미기 위해 비싼 옷이 절대 좋은 것도 아니다. 비싼 옷이 아니라 내 몸에 맞고 어울리는 옷을 찾는 것이다. 옷도 공급과잉의 시대다. 관심만 있으면 싸고 편안하고 몸에 어울리는 옷을 얼마든지 구입할 수 있다.

그동안 외모와 이미지 관리에 무지하고 무심결에 베어왔던 습관이 있다면 바꿔야 한다. 50대 이후 삶에서 건강과 더불어 깔끔한 외모관리가 중요하다. 나이가 들수록 추해지지 않으려면 외모관리를 해야 한다. 건강한 육체는 외모관리의 시작점이다. 육체적 건강 없이는 외모관리도 무의미하다.

다시 강조한다. 인생 후반기에 건강과 더불어 반드시 가꿔야 할 것이 외모다. 외모는 세련된 옷차림과 표정 속에 있다. 세련된 옷차림과 좋은 표정은 그 사람을 알리는 신호다. 《외모는 자존감이다》 저자 김주미 대표는 "외모의 변화는 나를 깨닫는 순간부터 시작된다"라고 얘기했다.

옷을 세련되게 입는다는 것은 몸에 관한 관심과 사랑이다. 내 몸에 관한 관심이 없는 사람은 기본적으로 옷을 세련되게 입을 수 없다. 사람의 인상과 표정은 상대방을 알 수 있는 신호다. 아무리 고급지식이 있고, 내면이 깊은 사람이라도 외형적으로 비치는 이미지는 입는 옷과 표정에 따라 이미지가 바뀔 수 있다. 외모는 나를 알리는 첫 신호다.

일과 휴식 속에서
나만의 생활리듬 찾기

내기업에 다니는 A 과장은 평일에는 보통 아침 7시에 출근해 밤 9시 넘어 퇴근하는 경우가 대부분이다. 신제품 기획 또는 신규 프로젝트 등으로 가끔 주말에도 출근한다. 아침은 우유나 토스트 등으로 간단히 때우고 대부분 식사는 밖에서 해결한다. 사 먹는 밥과 잦은 야근에 자주 마시는 술은 고스란히 뱃살로 간다. 운동을 제때 못하니 몸무게는 순식간에 불어났다. 회사에서는 하는 일에 집중해야 하고 그러면서도 가정에 신경을 쓰다 보니 몸은 뒷전으로 밀려난다. 30, 40대 샐러리맨이라면 한 번쯤 이런 경험을 했을 것이다. 만약 이러한 습관이 50대가 돼도 계속된다면 과연 몸 상태가 어떻게 될지 스스로 반문해볼 필요가 있다.

내가 다니는 직장의 지인도 일을 많이 하는 일명 일벌레다. 술도

말솔이다. 당연히 대인관계도 좋아 진급도 빨리했다. 모난 구석이 없기 때문이다. 타고난 건강체질로 보였다. 야근도 많이 하고 술을 마시면 폭음 스타일이다. 오랫동안 몸을 돌보지 않는 불규칙한 생활습관으로 인해 당뇨 진단을 받았다. 몸을 혹사하면 여러 차례 주인에게 경고음을 보낸다. 그 경고음을 무시하게 되면 결국 몸은 질병으로 주인에게 응답한다.

통상적으로 회사 입사 후 10년, 20년 차가 되면 과도한 업무와 바쁜 생활로 인해 몸을 돌보는 시간이 없는 경우가 대부분이다. 일한 후 습관적으로 마시는 술은 약이 될 수도 있지만, 독이 될 수도 있다. 대부분은 후자다. 지친 몸과 마음을 치유하기 위해서는 진정한 휴식이 필요하다. 휴식을 통해 오롯이 나를 만나야 한다. 휴식의 사전적 의미는 잠깐 쉬는 단순한 의미도 있지만, 신체적·정신적 피로의 회복을 꾀하며 활동을 위해 필요한 체력이나 기력을 증진시키는 것으로도 해석된다. 그래서 휴식은 어떤 환경과 조건이든 간에 내가 원하는 최고의 컨디션을 만드는 것이 중요하다.

과거 10년 전의 근무환경만 하더라도 대부분 기업에서 일이 우선시 되는 풍조였다. 요즘은 워라벨 문화가 퍼지고 있다. 아무리 연봉이 높아도 퇴근 후와 휴일에 개인 생활이 보장되지 않는 곳은 선호하지 않는 분위기다. 퇴근 후 취미활동을 하거나 가정친화 생활을 하는 문화로 바뀌고 있다. #오하운 '오늘 하루 운동'으로 현재 뜨고 있는 해시태그다. 코로나19 영향으로 몸무게가 늘어나는 일명 확찐자(확실히 살이 찐 자)가 늘어나면서 건강과 면역에 대한 관심이 폭발적으로 증가했다.

회사생활도 중요하지만 그보다 더 중요한 것은 몸이라는 사실을 자각해야 한다. 일하면서 자기만의 휴식을 즐기며 건강을 유지하고 관리하는 것이 중요하다. 젊은 시절에 잦은 야근과 음주 등으로 과도하게 사용했던 몸이라면 이제 치유하기 위한 시간을 만들어야 한다.

인생 후반기는 일보다도 건강에 균형을 맞추는 생활습관이 필요하다. 먼저 내 몸이 어떤지 알기 위해 공부를 해야 한다. 공부방법은 건강 세미나와 건강 관련 책 등을 통해 얻을 수 있고 이를 통해 본인에게 맞는 방법을 선택하면 된다. 예를 들어 사람은 라이프스타일에 따라 새벽형 인간이 있고 올빼미형 인간이 있다. 어느 것이 좋다고 학설로 밝혀진 것은 없지만, 성공형 인간은 새벽형 인간이 많다고 한다. 몸 관리도 자신의 라이프스타일에 따라 결정해야 한다.

코로나19가 한창일 때, 온라인 줌으로 이름만 대도 잘 알려진 베스트셀러 작가의 특강을 들은 적이 있다. 그런데 주최 측에서는 이분 때문에 매주 아침 7시에 특강하는 시간을 9시로 늦게 잡았다. 이분이 7시에는 도저히 시간을 맞출 수 없었기 때문이다. 전형적인 올빼미형 인간이다. 나이가 들면 대부분 새벽형 인간이 된다고 하지만 꼭 그런 것은 아니라는 사실을 알았다.

인생은 내가 하고 싶은 것을 찾아가는 여정이다. 내가 하고 싶은 일을 하는 것이 최고의 행복이다. 인생 전반기는 비록 하는 일이 적성에 맞지 않는다 하더라도 그만둘 수 없다. 가족생계와 삶의 굴레 때문이다. 하지만 인생 2막을 설계할 때는 반드시 내가 하고 싶은 일을 찾아야 한다. 그것이 행복이기 때문이다. 내가 하고 싶은 일을 하면서 적정한 휴식을 취하는 삶은 인생 최고의 행복이자 건강유지 비결이다. 일이 있으면서 적정한 휴식을 하며 나만의 생활리듬을 찾는 것은 인생 후반기에 꼭 필요한 것이다. 인생 후반기는 일이 우선이 아니라 몸을 유지하기 위해 휴식이 보장되는 일이 우선이다.

종교생활은
노후의 정신을
치유하는 최고 명약

어린 시절, 어머니가 보름달이 비지는 밤에 집 앞마당에 정화수 한 그릇을 상에다 올려놓고 소원을 비는 것을 봤다. 무엇인가 풀리지 않은 일이 있으면 절대자인 신에게 소원을 비는 것이다. 우리 가정은 무교였다. 농사를 지으시는 부모님은 바빠서 그러셨는지 어떠한 종교도 갖지 않았다. 하지만 어머니는 연로해지며 돌아가시기 8년 전부터 가톨릭 신자가 됐고 세례까지 받았다. 나도 한때는 교회를 다녔으나 지금은 종교가 없는 무교다.

군대 생활을 하면서 생애 처음으로 교회를 갔다. 자의 반 타의 반이다. 무료한 시간에 종교 활동을 한 번쯤 해보는 것도 나쁘지 않다는 생각이 들었기 때문이다. 그렇다고 군 생활이 힘든 것도 아니었다. 군 생활을 할 당시 성경암송 대회가 있었다. 히브리스 11장 11절을 완전히 암송해서 특별휴가를 받은 적도 있었다. 군 생활은 교회를 알게 해준 촉매제였다.

군대를 제대 후 대학교 복학을 하면서 본격적으로 교회를 다니기 시작했다. 초등학교부터 자취생활을 해왔던 터라 혼자 지내는 것은 익숙했지만 마음은 공허한 상태였다. 대학교 복학 후 취업 걱정이 심리를 압박했다. 그래서 교회는 정신적 위로 공간이었고 기도는 정신적 치유와 목적을 이루게 해주는 데 큰 역할을 했다. 공무원에 입사한 것도 종교적인 믿음이 있었기 때문에 가능했다는 생각을 잊어 본 적은 없다.

대구 팔공산 갓바위는 부처님을 믿는 사람뿐만 아니라 일반인들도 많이 찾는다. 특히 수험생을 둔 학부모들이 이곳을 많이 찾는다. 이처럼 종교는 나와 내 주변 상황을 좋게 해주는 장점이 있다. 그런데 직장을 잡은 후 종교생활은 차츰 줄어들기 시작했고 시간이 지나면서 종교와는 단절하게 됐다. 직장생활은 안정됐고, 다양한 활동을 통해 바쁜 나날이 이어지면서 종교는 자연적으로 멀어졌다. 종교가 아무리 좋다고 해도 마음에서 가고 싶은 욕구가 지속돼야 한다. 하지만 주변 환경이 그런 욕구를 만들지 못하면 가지 않는다. 내가 힘들 때만 절대자에게 구원받는 기복신앙의 심리가 작동한 것이다.

직장생활 후 오랫동안 교회를 다니지 않다가 미국 연수생활을 시작하면서 온 가족이 1년 동안 다닌 적이 있다. 이때는 교회를 다녀야만 교민들과 친해지고 생활정보를 많이 얻을 수 있어서 자의적인 행동은 아니었다. 교회를 다닌 덕분에 미국 생활에 큰 도움이 된 것은 분명하다.

2010년 한 부모 가장이 됐을 때는 종교를 갖지 않았다. 내 인생의 가장 힘든 순간에 절대자를 찾지 않았다. 종교에 대한 회의적인 생각도 있었다. 과연 귀신이 있고 영혼이 있는 것인지 궁금했다. 제사를 지낸다는 것은 신에게 드리는 일종의 관례다. 기독교는 제사가 없다. 제사를 지내는 한국인과 안 지내는 미국인들 차이는 뭘까. 제사를 지내지 않아도 온전한 서양인, 교회를 다니지 않아도 온전한 동양인이 있었다. 이것은 문화적인 차이, 생각의 차이 외에는 아무것도 없었다. 내가 없으면 세상도 없어지고 절대자도 없어진다.

정신적인 혼란을 정리하는 첫 번째 순서로 내가 사는 것을 택했다. 내 정신을 강하게 유지하기 위해서 자신 외에 그 어떤 것도 믿지 않는 것으로 정했다. 법정스님의 다음 말씀이 뼛속 깊이 각인됐기 때문이다. "인간은 누구나 어디에도 기대서는 안 된다. 오로지 자신의 등뼈에 의지해야 한다" 나는 이 말을 신념처럼 생각하며 좌고우면하지 않고 생활했다. 한 부모 가장이 된 후 지난 10년 동안 달려온 길은 외롭고 힘들었지만 내 등뼈를 믿고 온 결과는 나쁘지 않았다.

어느덧 50대 중반을 향해 달려가고 있다. 한 번쯤 숨 가쁘게 살아왔던 지난 시절을 돌아보며 미래를 보게 된다. 어떠한 종교든지 일상생활이 바쁘면 정기적으로 참석할 수도 없고 열심히 할 수도 없다. 그러나 인생 후반기는 종교가 삶에서 큰 활력이 된다는 것을 살펴볼 필요가 있다. 종교는 정신적인 안정을 통해 미래의 삶을 더 풍성하게 해주는 도구가 된다. 50대 이전에는 종교적 영향을 적게 받을 수 있다. 하지만 50대부터는 그 이전과는 달리 노화가 진행된다. 정신건강도 관리하지 않으면 노화가 더 빨리 진행된다. 육체적인 건강도 중요하지만, 정신적인 건강도 문제가 된다.

종교는 정신건강을 관리하는 데 강력한 도구가 된다. 종교가 아니더라도 정신건강을 관리 할 수 있지만, 종교는 마음근력을 강화하는 데 강력한 효과가 있다. 퇴직한 분들 가운데 특별히 할 일이 없어 오랫동안 무료한 생활이 이어지면 우울증 같은 정신질환이 올 수 있다. 이를 치유하기 위해 종교생활을 시작하는 사람이 있다. 무신론자가 종교를 믿고 임종하는 것도 많이 봤다. 앞서 얘기했듯이 나의 어머니도 노후에 종교를 가졌다. 노후생활에 정신적 건강을 챙기기 위해 종교생활은 없는 것보다 있는 것이 유리함을 방증한다.

"신앙이나 진리는 누구에게서 배우는 것이 아니라 스스로 겪어서 체험하는 것이다. 그래서 신앙과 진리는 항상 개인적인 영역이다. 진리는 우리 존재의 가장 깊은 곳, 아무도 넘어다볼 수 없는 곳에서 은밀히 체험된다." – 법정스님

정호승 시인은 젊은 시절 성 오거스틴의 《참회록》을 읽다가 '인간은 태어나면서부터 종교적이다'라는 깨달음을 얻었다고 한다. 맞는 말이다. 인간은 강한 것 같지만 언제든지 절대자에게 의지하는 연약한 존재다. 어떤 종교든 관계없다. 절대자에게 의지하는 것은 없는 것보

다 노후에 훨씬 안정적 삶을 유지할 수 있다.

"이 세상에 오로지 하나의 종교만 있다고 가정하면 얼마나 숨이 막히고 그 독선의 냄새 또한 역겨운 것인가. 마치 평생을 두고 똑같은 음식만 먹어야 하는 것과 같다."   *- 법정스님*

노후의 정신건강 유지에 최고 명약은 종교를 가지는 것이다.

나이 들수록
자신을 가꿔야
추해지지 않는다

평소 성격이 급하고 화를 자주 내는 부서장 A 씨가 있었다. 직원이나 팀장이 하는 일이 자기 스타일과 어긋나면 바로 소리친다. 목소리가 커서 사무실이 쩌렁쩌렁 울린다. 사무실 분위기는 아주 차가워진다. 고집도 아주 세다. 자기와 의견이 다를 경우 절대 수용하는 법이 없을 정도다. 협상이나 회의 자체가 의미가 없다. 직원들은 올바른 대화 자체가 되지 않는 A를 불편해한다. 회사 노조로부터 질책을 받기도 했지만 별반 달라지지 않는다. A 부서장 정년은 1년 정도 남아있다. 부서장 때문에 사무실 분위기가 답답하고 냉랭하다. 직원들은 늘 불안한 마음이다.

'모난 돌이 정 맞는다'는 말이 있다. 평소 성격이 모가 나 있으면 모난 것을 고쳐가야 한다. 자신을 가꾼다는 것은 첫 번째로 마음을 다스리고 가꾸는 것에서 출발한다. 내 마음 상태를 수시로 들여다보고 어떤 감정인지, 그 감정이 어떤 생각에서 비롯됐는지 물어보고, 그런 생각을 치유하기 위해 무엇을 해야 하는지를 수시로 점검해야 한다. 마음의 흐름을 살펴보면 마음을 안정시키는 효과가 있다. 쓸데없는 잡념, 불안, 걱정 근심 등을 버리거나 줄일 수 있기 때문이다.

그동안 기업대표, 임원, 팀장 등을 상대로 코칭을 해온 김상임 코치는 최근 《마음을 아는 자가 이긴다》라는 책을 출간했다. 저자는 이 책에서 마음을 다스리기 위해 하루 세 번 TED(생각, 감정, 갈망)하라고 했다. 평소 마음을 갈고 닦지 않으면 마음이 삐친다. 모난 마음이 있으면 깎아내야 한다. 나를 가꾼다는 것은 내 안에 모난 마음, 잘못된 감정 등을 다스리거나 치유하는 것에서 시작한다. 김상임 코치는 하루에 두 번씩 자신의 마음상태를 확인할 수 있는 감정일기를 써볼 것을 추천했다.

감정일기는 내 마음의 흐름을 알 수 있는 첫 번째 도구다. 내 마음이 상처를 받았으면 치유를 해야 한다. 만약 어린 시절에 부모, 형제로부터 안 좋았던 트라우마가 남아 있다든지, 아니면 직장상사, 동료 등과 생활하면서 상처받은 기억들이 아물지 않고 있다면 어떻게 해야 할까. 잠재의식에는 상처받은 마음이 남아 있기 때문에 이것을 치유해야 온전한 자신의 모습으로 다시 설 수 있다. 만약 내 미래가 불안하다고 가정을 하면 그 불안한 생각의 원인이 무엇으로부터 비롯됐고, 그 불안을 치유하기 위해 무엇을 해야 하는지를 자주 물어봐야 한다. 마음과 대화를 자주 나누는 습관은 아주 중요하다.

두 번째는 건강한 몸을 만들고 부지런히 학습하며 자신을 가꿔야 한다. 우리 주위에는 명품 옷을 입고 화려한 화장과 금목걸이 등 각종 액세서리로 단장을 잘하는 사람들이 종종 있다. 이런 분들은 나이와 품격에 맞게 행동해야 비로소 자신답게 바로 설 수 있다. 겉모습은 아무리 화려하게 치장해도 생각과 행동에서 발현되는 품격이 떨어지는 사람이 있다. 이런 사람은 속 빈 강정이다. 외면의 아름다움은 내면과 연결돼 나오지 않으면 의미가 없기 때문이다. 자신을 가꾼다는 것은 몸을 가꾸는 것에서 출발하지만, 내 정신적인 사고가 녹슬지 않기 위해 끊임없이 배우는 것도 아주 중요하다. 법정스님은 "죽는 것을 두려워하지 말고 녹슨 삶을 두려워하라"라고 했다. 자신을 가꾸는 사람은 삶이 녹슬지 않는다.

마지막으로는 자신이 외부로부터 보이는 이미지는 깔끔하고 단아하게 보여야 한다. 나의 미래 자아상을 그려본다. 인생 후반기의 외모는 어떤 모습인지 상상해보자. 풍부하게 상상하는 것만큼 그 모습이 미래의 자신이 된다. 풍부하게 상상하고 외치다 보면 자기암시 효과가 나타난다.

나의 미래의 품격을 우아한 자아상으로 정했다면 이 자아상에 맞게끔 생각하고 행동한다. 집에서 혼자 밥을 먹어도 반찬을 접시에 담아 품격을 생각하며 먹는다. 옷도 헐렁한 핫바지나 늘어진 속옷을 입지 않는다. 단단히 다져진 내면과 외모를 조화롭게 연결하는 것이 중요하다. 깔끔한 이미지, 단정한 이미지는 옷 하나만으로 연출되지 않는다. 몸과 마음은 서로 연결돼 있기 때문이다. 자신을 가꾼다는 것은 내면의 감정이 외면으로 나타나기 때문에 내면과 외면의 감정 모두 다스린다는 것을 의미한다. 나의 이미지, 타인에게 풍기는 나의 아우라는 자신을 어떻게 가꾸느냐에 따라 달라진다. 50대부터 준비하고 꾸준히 실천해야만 인생 2막에 잘 적응할 수 있다.

매일 웃는
연습을 하면
인생이 달라진다

"대학교 어디 나왔어요?" "네. ○○대학교 졸업했습니다", "그 학교가 어디에 있어요?" 40대 초반까지 제일 곤혹스러운 질문은 상대방이 나의 출신 대학교를 묻는 거였다. 사실 내가 다닌 대학교는 지방에 이름이 잘 알려지지 않은 대학교다. 특히 2009년 미국 연수 시절에 중앙부처 공무원, 공공기관 직원들과 함께 공부하면서 학부 얘기가 나오면 대답하기 가장 어려웠다. 어떤 때는 다른 대학교를 졸업했다고 얼떨결에 말한 적도 있다. 출신 대학교는 나의 자존감에 많은 상처를 남겼다.

대한민국은 개인의 능력보다 학벌과 스펙, 배경이 우선시 되는 사회였다. 이력서와 면접에 필요한 출신학교 졸업장이 그 사람을 판단하는 잣대로 작용했다. 아직도 우리 사회는 '문턱증후군'이 여전히 존재하고 있다. 문턱증후군이란 '어떤 문턱만 넘어서면 인생이 달라진다'라는 의미다. 명문대학을 졸업했다고 해서 직장에서 일을 다 잘하는 것도 아니다. 젊은 나이에 고시에 합격해 판·검사, 사무관이 된다 해도 일을 잘하는 것과는 별개의 문제. 그런데도 우리 인식은 그 사람의 사회적 지위나 스펙의 심리적 지배를 받아왔다.

> *"서울대 학생이라면 다 똑똑하다는 생각 또는 이러한 시선을 받으면서 자란 사람들을 Spoiled Adult (스포일드 어덜트)라고 한다."*
>
> – 박웅현 《여덟 단어》

우리 사회의 어두운 단면이다. 명문대학, 사람들이 선호하는 직업이 그 사람의 인격이 될 수 없는데도 말이다. 학력과 스펙은 나이가 들수록 의미가 없어진다. 학력과 스펙 대신 표정과 외모가 더 중요하다. 표정과 외모는 그 사람을 외부에 첫 번째로 인식하게 하는 신호이기 때문이다.

"인상이 참 좋으세요" 내가 살아오면서 가장 많이 들은 말이다. 심지어 제삼자가 얘기하는 말에도 "인상이 좋다"라는 말을 간접적으로 들은 적이 있다. "성격은 온순하다" 이 말도 많이 들으면서 자랐다. 초등학교부터 고등학교까지 학교 통지서의 학생 품성란에 단골로 적혀 있었다. 그런데 온순하다는 말이 나는 듣기 싫었다. 심리적 거부감으로 다가왔다. 순한 사람들은 늘 당하며 산다고 생각했기 때문이다. 조금 까칠한 사람, 인상이 안 좋거나 터프한 사람이 대우받는 세상이라고 생각했다. 온순하다는 얘기를 들으면 들을수록 마음속에서는 '온순하지 않아야지' 하는 반발심리가 작동됐다. 그래서 표정은 굳어지고 눈빛은 째려보는 모습으로 인상이 바뀌게 됐다. 과거 사진을 보면 웃는 모습은 볼 수 없다. 인상이 굳어 있다.

> *"미소는 지친 사람에게 안식이며 절망에 빠진 사람에게는 빛이며, 슬픈 사람에게는 태양이며, 모든 문제에 대한 자연의 묘약이다."*
>
> *- 데일 카네기*

내 생각과 행동은 어릴 때 형성된 생각의 틀이나 살아왔던 환경의 지배를 받아 오늘에 이르렀다. 그중 하나는 굳은 표정이었다. 표정과 인상에 변화를 준 시기가 나에게 찾아왔다. 2018년 김주미 대표의 '이미지코칭 클래스' 교육을 받으면서부터다. 매일 출근길 직접 운전하는 차 안에서 셀카로 미소 사진을 찍는다. 그리고 여러 단톡방에 올린다. 매일 웃는 연습을 하다 보니 미소가 아주 자연스러워졌다. 단톡방에는 '무재칠시'라는 칭찬 댓글도 받았다. 무재칠시는 돈이 없어도 남에게 베풀 수 있는 일곱 가지를 말한다. 일곱 가지 중 하나가 바로 웃음이다.

> *"사람의 얼굴은 하나의 풍경이며 한 권의 책이다. 얼굴은 결코 거짓말을 하지 않는다."*
>
> *- 발자크*

얼굴은 마음의 거울이다. 어떤 생각을 하고 어떤 삶을 살아왔는지 얼굴에 나타난다. 그래서 얼굴은 마음의 통로도 된다. 많이 웃다 보니 내 마음도 긍정적인 마음, 감사한 마음으로 바뀌기 시작했다. 웃음이 긍정적인 마음을 가지게 한 힘이 되고 통로가 되었다. "이목원 님, 요즘 웃는 사진이 너무 환상적입니다. 너무 좋으세요. 환한 얼굴 보고 저도 힘 얻습니다" SNS에서 자주 듣는 말이다. 그러나 진심이 없는 웃음은 상대방이 바로 알아차린다.

"인상이 너무 좋으신데요", "아, 네 감사합니다" 상대방으로 부터 인상이 좋다는 말을 들으면 기분이 좋다. 인상이 좋은 조건에 웃는 표정을 추가하게 되면 상대방에게 어떤 느낌으로 전해질까. 아마 첫 인상에서 훨씬 더 좋은 느낌을 전해줄 것이라 생각했다. 이런 생각을 하니 자신감과 자존감이 실아났다. 나의 브랜딩도 '웃음으로 사랑을 전하는 포근한 사람 포사 이목원'으로 정했다. 매일 웃는 연습을 하니 눈꼬리, 입꼬리가 점점 올라간다. 얼굴에 주름도 사라져 이젠 팔자 주름이 잘 잡히지 않는다. 팔자 주름이란 입가의 양옆에 생기는 주름이다. 《관상경영학》 책에는 사람 기질은 바꿀 수 없어도 매일 웃으면 표정이 바뀌어 관상도 바뀐다고 했다. 지금까지 관상이 좋지 않았더라도 앞으로 '연습과 훈련을 통해 얼마든지 좋게 바꿀 수 있다'라는 것이다.

"잘생긴 얼굴은 우리 힘으로 어떻게 할 수 없지만, 환한 얼굴은 우리 노력 여하로 달라진다."   *– 한근태 《나는 심플한 관계가 좋다》*

요즘은 처음 만나는 사람한테도 먼저 "안녕하세요"라고 인사한다. 상대방이 답변하든 안 하든 아무 관계 없다. 이미 마음은 긍정의 기운을 강하게 받고 있어서 상대방 응대에 상처받는 일은 없다. 인생 2막은 웃음을 내 삶의 기조로 삶고 살아갈 것이다. 그래서 오늘도 웃는다.

몸을 편하게 하는 것은
몸을 망치는 지름길

새벽 4시 알람이 울린다. 울림과 동시에 10초 안에 알람을 멈춘다. 자명종이 아닌 휴대폰이다. 기상 시간은 거의 반자동이 됐다. 알람 후 5분 정도 스트레칭을 하고 일어난다. 5분 이상 더 누워 있는 일은 없다. 평일과 휴일 구분 없이 매일 새벽 4시다. 새벽에 일찍 일어나는 일은 이미 습관이 된 지 오래됐다. 나는 "몸을 조금 고달프게 다뤄야 한다"는 생활신조가 있다. 몸이 편해지면 건강에 악영향을 준다는 생각에서부터 시작됐다. 새벽 알람 시간에 적응되기 전에는 적당히 타협하기도 했다. 타협하다 보면 기상 시간이 들쭉날쭉 한다. 그러면 일정한 시간에 절대로 일어날 수 없다.

내 삶의 1순위는 건강유지다. 그래서 새벽 조깅을 한다. 여름이든 겨울이든 조깅 시간은 규칙적이다. 그날 컨디션에 따라 몸 상태는 무거울 때도 있고 좋을 때도 있다. 컨디션이 안 좋을 경우 나갈지 말아야 할지 마음에 갈등이 생긴다. 내 몸이 타협하자고 자꾸 말을 걸어온다. 몸이 처지는 날에는 조깅을 하지 않을 때도 있었다. 이제는 일체 타협하는 일이 없다. 비 오는 날 외에는 어떤 일이 있어도 매일 조깅을 한다. 기상 후 몸이 조금 무거워도 조깅을 하면 가벼워지는 것을 알기 때문이다.

겨울에는 여름과 같은 시간이라도 깜깜하다. 칼바람이 불 때도 있다. 옷을 차려 입고 집 밖을 나가는 것이 가장 힘들다. 어떨 때는 '내가 왜 이 짓을 하지?' 하며 스스로 물을 때가 있다. 달콤한 잠의 유혹은 늘 도사리고 있다. 습관이 들었더라도 자신에 대한 경계를 늦추지 않는다. 편안함은 불편함을 삼켜버리는 불꽃과 같기 때문이다.

요즘 TV는 화질 면에서 기능 면에서 과거보다 성능이 아주 우수하다. 영화, 드라마를 보면 마치 영화관처럼 현장감이 있다. 내가 아는 동료직원이 최근에 대형 TV를 구입했다. "팀장님, 지난 주말 코로나19 확진자가 더 많아졌던데 뭐하셨어요? 저는 어디 갈 데도 없고 해서 집사람, 애들이랑 종일 집에 있었습니다. 소파에서 영화와 드라마 보니 너무 좋았는데요. 팀장님도 대형 TV 장만해서 한번 즐겨보세요. 영화관 가지 않아도 될 정도로 끝내줍니다!"

직원이 얼마나 리얼하게 설명하는지 순간 사고 싶은 생각이 들었다. 애들이 드라마, 영화를 좋아하기 때문이다. 평소 애들은 유튜브로 영화, 드라마를 자주 본다. TV를 구입해서 가족이 함께 시청하면 좋은 점도 있지만, '안 좋은 것이 더 많다'는 것이 내 생각이다. 그래서 직원 얘기는 그냥 흘려들었다.

　나이가 들수록 TV와 보내는 시간이 많아질 수 있다. 시간을 보내는 데 아주 좋기 때문이다. 대체로 남자는 스포츠 경기, 여자는 드라마를 선호한다. 요즘은 시청률을 높이기 위해 오락 등 다양한 프로그램들이 많이 있다. 드라마, 각종 오락프로그램은 중독성이 있다. 그런데 TV와 친해지면 방콕생활이 자연히 길어진다. 가끔 TV를 보는 것은 관계없다. 하지만 1주일 또는 일과에서 TV와 상당한 시간을 보낸다면 몸은 병들어 갈 수 있다.

　대구의 계산성당 역사관에는 선종하신 김수환 추기경의 여덟 가지 말씀이 기록돼있다. 그중에 이런 구절이 있다. "텔레비전과 많은 시간을 동거하지 말라. 술에 취하면 정신을 잃고, 마약에 취하면 이성을 잃지만, 텔레비전에 취하면 모든 게 마비된 바보가 된다."

　절대적으로 공감되는 말이다.

　TV를 오래 시청하는 사람을 비화한 것 중 하나로 '카우치 포테이토족'이 있다. 포테이토칩을 먹으며 소파(카우치)에서 TV를 보며 오랜 시간 보내는 사람을 말한다. 자연히 음식 섭취량도 늘어난다. 1년 갈 것도 없이 몇 개월만 지속되면 뱃살이 늘어난다. 인간 심리는 서 있으면 앉고 싶고, 앉아 있으면 눕고 싶고, 누워 있으면, 자고 싶다. 편해지는 것은 끝이 없다. 최고 성능을 가진 대형 TV로 소파에서 영화 등 오락프로그램을 보면 처음에는 애착이 많이 간다. 하지만 자주 보다 보면 신선한 느낌은 떨어진다. 새 제품도 일정한 시간이 지나면 설렘과 신선함이 사라진다.

TV를 자주 보게 되면 바보가 된다는 말도 있다. 순기능도 있지만 부작용도 많이 있기 때문이다. 특히 운동부족과 비만이 올 수 있다. 나는 집에 TV가 없다. TV는 사람 몸을 편하게 만드는 첫 번째 도구라고 생각한다. 비만처럼 몸이 안 좋아지는 것은 갑자기 오지 않는다. 여러 차례 몸 주인에게 경고장을 날린다. 그 밖에도 일상생활에서 몸을 편하게 하는 도구들은 많이 있다. 무엇이든 안락하고 편안한 것이 습관이 되면 탈피하기 어렵다. 적당한 것이 중요하다. 가랑비에 옷 젖듯이 서서히 몸에 스며든다. 몸이 편해지면 몸을 망친다는 사실을 뼛속 깊이 느껴야 한다.

마음을 편하게 하는 것과 몸을 편하게 하는 것은 별개다. 육체적인 고통이 있어도 마음이 편해질 때가 있다. 바로 운동을 할 때다. 몇 년 전 최초로 하프마라톤에 도전한 적이 있다. 1시간 40분대로 들어왔다. 육체는 엄청 힘들었지만, 마음에서 느껴지는 성취감은 최고였다. 몸을 불편하게 만든다는 것은 자신에게 엄격하게 하는 것과 같다. 우리는 운동을 통해 몸을 단련한다. 운동은 마지막 힘든 순간에 운동 효과가 있다. 힘이 드는 것과 동시에 성취감이 있기 때문이다.

몸을 편하게 하는 데는 음식도 동참한다. 과거에는 열악한 환경과 먹을 것이 부족해서 고달팠다. 요즘은 음식을 포함해 모든 것이 풍족한 세상이 되었다. 고달플 일이 없다. 소비자를 유혹하는 음식들로 가득 차 있는 세상이다. 하루 중 뱃속에서 '꼬르륵' 소리를 들어본 적이 있는가. 풍족하게 먹어왔던 사람은 꼬르륵 소리를 들으면 불편하다.

불편함이 클수록 몸은 건강해진다. 몸에는 적당한 불편함을 의식적으로 만들어야 한다. 몸을 귀하게 생각한다면 조금 엄격하게 다뤄야 한다. 편리함보다 적당한 불편함을 줘야 한다. 몸에 편한 것만 찾다 보면, 마치 당뇨가 소리 없이 인체를 병들게 하는 것과 같이 몸을 망치게 된다.

사춘기보다
심한 갱년기가
내게도 찾아왔다?

"이 팀장도 지금 보니까 머리가 많이 빠졌네. 앞쪽이 훤한데?" 부서장 주재로 회의를 하는데 동료 팀장이 하는 얘기였다. 아침마다 거울을 보면 앞머리 숱이 적어지는 것을 느끼고 있었던 터라 속마음은 씁쓸했다. 사실이기 때문이다. 타인이 보는 눈은 정확하다. 아침, 저녁 세수를 한 후 목을 보면 미세한 잔주름이 보인다. 조금만 더 지나면 큰 주름이 잡힐 태세다. 피부 탄력도 줄어드는 것이 느껴진다. 얼굴에도 검버섯은 아니지만 이상한 점들이 더 많아지고 있다. 40대까지는 얼굴에 여드름 같은 뾰루지가 난 적이 있지만 이제는 찾아볼 수 없다.

신체 내부에도 변화도 감지되고 있다. 소변을 볼 때도 예전보다 시간이 길어졌다. "남자에게 전립선이 이렇게 중요한 것인가"라는 생각을 했다. 그저 남의 얘기로만 생각하고 살았다. 앞으로 제대로 관리하지 않으면 전립선 질환이 올 수 있다는 생각이 들기도 했다.

부모님으로부터 시력 하나는 건강유전자로 받았다. 50대 초까지도 교정 없이 좌·우 시력은 1.5였다. 그런데 작년부터 노안이 왔다. 독서할 때 글씨가 흐릿흐릿하다. 물건을 살 때 들어있는 제품 설명서의 깨알 같은 글씨는 이제 잘 보이지 않는다.

영어공부도 오랫동안 했다. 그동안 익혀왔던 어휘, 단어도 요즘은 기억이 잘 나지 않는다. 영어로 표현할 수 있는 단어는 많지만, 단어 철자를 제대로 알 수 있는 것이 줄어들고 있다. 심지어 가장 기초적인 단어 철자도 틀리게 적는다.

"사장님 머리 다 자르고, 마지막에 눈썹 정리 부탁드립니다" 한 달에 한 번 정도 머리 손질을 위해 미용실에 가면 꼭 얘기한다. 예전에는 머리만 잘랐지만 요즘은 눈썹 정리도 한다. 갱년기가 되면 눈썹을 포함해서 체모가 자란다고 한다.

50대가 되면서 몸에서 확연하게 변화가 느껴졌다. '아! 이것이 갱년기 증상이란 말인가' 혼자 푸념 섞인 말을 내뱉어 본다. 40대와는 확연하게 다르다. 새치는 기본으로 점점 더 늘어나 흰머리가 뚜렷하게 보인다. 머리카락 굵기도 더 가늘어진 것 같다. 나이가 들고 있다는 신호가 얼굴 곳곳에서 나타난다. 10년 전 미국 연수 시절 사진을 보면 지금보다 훨씬 젊어 보였다. 노화로 느껴지는 곳은 전혀 보이지 않았다.

100세 시대 인생의 하프타임은 50대다. 50대 전후가 되면 누구나 피할 수 없는 것이 갱년기다. 사춘기는 젊음, 방황을 통해 어른으로 성장하는 신호탄이다. 반면 갱년기는 인생 전환기이자, 신체적 노화로 가는 신호탄이다. 남성은 여성호르몬이, 여성은 남성호르몬이 상대적으로 더 많이 나온다. 갱년기가 되면 남성은 여성화되고, 여성은 남성화된다는 말이 있다.

전립샘은 중노년 남성 건강을 알 수 있는 바로미터다. 골다공증은 여성 갱년기 이후 나타날 수 있는 대표 질환이다. 건강보험심사평가원에서 최근 전립샘암 환자를 발표했다. 2010년에 3만 5,000명이었으나, 2019년에 9만 5,000명으로 9년 사이 2.7배 늘었다. 갱년기 신체적 노화를 잘 관리해야 하는 이유다.

다음은 갱년기 대표적인 증상이다.

남성 갱년기 자가진단 체크리스트
(출처 : 대한비뇨의학과의사회)

1. 성적인 흥미가 감소했다.
2. 기력이 몹시 떨어졌다.
3. 근력이나 지구력이 떨어졌다.
4. 키가 줄었다.
5. 삶의 즐거움을 잃었다.
6. 슬프거나 불안감을 자주 느낀다.
7. 발기의 강도가 떨어졌다.
8. 최근 운동할 때 민첩성이 떨어졌다.
9. 저녁 식사 후 바로 졸린다.
10. 최근 일의 능률이 떨어졌다.

위 10개 문항 중 1번이나, 7번에 해당하거나, 1번, 7번을 제외한 여덟 가지 문항 중 세 개 이상에 해당하면 남성 갱년기를 의심해야 한다고 한다.

어떤 방식으로든지 갱년기는 누구든지 지나가야 할 관문이다. 가장 중요한 것이 마음가짐이다. 갱년기를 차분하게 받아들이는 것에서 시작한다. 몸의 변화를 받아들이고 몸의 소리에 귀를 기울여야 한다. 갱년기 이전으로 돌아가는 것은 불가능하다. 갱년기 증상을 받아들이고 적응해야 한다. 부정할 수 없는 현실이다. 갱년기는 인생의 하프타임에 지나가는 필수 과정이다. 사춘기를 잘 지나야 어른으로 갈 수 있듯이, 갱년기를 잘 견뎌내야 인생 후반기를 안정적으로 펼쳐갈 수 있다.

인터넷에 보면 갱년기를 슬기롭게 이겨내는 많은 사례를 찾을 수 있다. 공통으로 많이 언급되는 것이 적절한 운동, 알코올 섭취 자제, 취미생활, 식생활, 갱년기 개선 식품보조제 등이 있다. 어떤 것이든 간에 본인 스스로 생각하고 선택과 집중을 하는 것이 중요하다. 생활습관에서 주의하는 것 외에도 갱년기를 잘 대처하는 방법 중 한 가지는 감사한 마음을 갖는 것이다. 지금과 한 단계 안 좋아지는 것을 비교해서 그 단계로 가지 않은 것에 대해 감사하는 것이다. "나는 머리카락 수가 적어졌지만, 대머리가 아니라서 감사하다", "노안이 오고 있지만 일상의 큰 불편함은 없어 감사하다" 등 긍정적인 선언을 하면 마음도 안정된다. 갱년기를 슬기롭게 대처해서 인생 2막의 디딤돌로 만들어 나가자.

낯선 길을
즐겨 찾는 자는
늙지 않는다

"길이 끝나는 곳에서도 길이 있다"는 정호승 시인의 시가 있다. 이 시에서 그는 "인생의 길은 원래 정해져 있는 게 아니다. 그런데 대부분은 걷기 편하고 아름다운 길로 미리 정해져 있는 것으로 생각하고 그런 길 만을 걸으려고 하는 데 문제가 있다"고 했다. 이 시는 내가 근무하는 조직의 시장님이 가장 좋아하는 시 중의 하나다. 시장님은 정례 조회시간에 술술 외우며 그 의미를 되새겨 줬다. 업무에도 개인의 일에도 꼭 필요한 말이라고 생각했다. 시 제목 자체가 의미심장한 표현이다.

내가 걸어왔던 길을 회상해봤다. 스스로 노력하는 것보다는 남이 해왔던 스타일에 맞춰 일을 해왔다. 그동안 걷기 편하고 아름다운 길, 누구나 가고 있는 길을 무심코 걸어왔던 나를 깊이 반성했다. 늘 해왔던 것, 새로운 것이 전혀 없는 일을 해온 셈이다.

그래서 시작했던 길은 독서 길이었다. 1년에 100권 읽기 목표도 정했다. 독서의 길은 나에게 책을 쓰게 하는 길을 연결해 줬다. 만약 독서를 하지 않았다면 책 쓰는 길은 막혀 있었을 것이다. 처음 책을 읽을 때는 책을 쓴다는 생각 자체도 하지 않았다. 책을 쓰는 사람은 따로 있다고 생각했다. 책을 오랫동안 읽으며 '책을 언젠가는 써야겠다'라고 마음이 바뀐 것이다. 그런데 《부의 추월차선》을 집필한 엠제이 드마코는 '언젠가'라는 말은 사전에 없다고 했다. 구체적인 날을 확실하게 정하라고 했다. 자세히 보니 책을 쓰는 사람이 내 주변에도 많이 있었다. 그 사람들 덕분에 자극을 받았고 책 쓰기를 곧바로 실행하게 되었다.

이 세상에 가장 위험하고 불안한 길은 어떤 길인가. 그것은 스스로 정해놓은 규칙과 틀 안에서 움직이는 길이다. 여기에서 스스로 정해놓은 길이란, 외부 변화의 정보를 받아들이는 노력 없이 움직이는 길이다. 기업의 길은 늘 외부환경과 끊임없이 교감하며 변화를 받아들여야 한다. 고정된 길로 간다면 망하는 건 시간문제다. 개인도 기업과 똑같다. 외부환경과 끊임없이 교감하면서 내가 가야 할 길을 스스로 만들어야 한다.

새로운 길을 가는 방법 가운데 하나가 공부다. 공부는 변화를 받아들여 새로운 길을 갈 수 있는 첫 번째 열쇠다. 어제의 정보가 오늘에는 더 이상 유용하지 않는 시대다. 과거에 머무르는 사람은 변화에 둔감하다. 나이가 들수록 의식적으로 새로운 것을 받아들이는 노력을 해야 한다. 이것은 공부를 통해 가능하다. 공부를 하면 스스로 가지고 있는 고정관념과 생각의 틀을 깰 수 있다. 공부를 하면 사고의 유연성을 적극적으로 할 수 있기 때문이다. 유연성은 인위적인 것보다는 내면에서 스스로 변화하고자 하는 마음을 말한다.

또 하나의 방법은 여행이다. 2018년 6월 나는 남미 패루 쿠스코 호텔에서 여행객들과 만나기로 돼 있었다. 혼자 인천공항에서 미국 LAX공항을 거쳐 꼬박 24시간을 넘게 비행기를 탔다. 1박 2일을 비행해 쿠스코 호텔에서 일행을 만났다. 9박 10일간 여행자들과 함께 마추 픽추와 안데스 산맥 라레스 트레킹을 했다. 그동안 여행사를 통한 여행, 지인과 함께했던 여행은 많이 있었다. 세계오지를 혼자 여행한 것은 남미 여행이 처음이었다.

여행을 얘기하면 김화영 작가의 《시간의 파도로 지은 성》과 김영하 작가의 《여행의 이유》 책을 얘기하지 않을 수 없다. 여행에 대한 명확한 정의를 내렸다고 생각한다.

먼저 김화영 작가의 《시간의 파도로 지은 성》이다.

– 나의 삶이 남의 삶이나 공간을 만나면 감촉이며 공명이다.

– 낯선 곳 낯선 사람들이 부르는 소리다.

– 여행의 참맛은 낯섦과 고독함에 있다.

– 미지에 대한 기대, 가슴 설렘에 있다.

– 여행의 진정한 맛은 이별 연습이다.

  이별의 수만큼 그리움의 수도 늘어간다.

– 여행은 머무름이 아니라 움직임이다.

  풍경도 지나가고 사람도 지나간다.

두 번째 김영하 작가의《여행의 이유》다.

- 여행은 현실 세계의 상처를 몽땅 흡수한 물건들로부터 내 삶의 공간을 벗어나서 새로운 세계로 가는 것.
- 여행은 오직 현재에만 머무르게 하고 인간의 근심과 후회, 미련으로부터 해방시킨다.
- 여행은 자기 자신으로 돌아오기 위한 것이다. 방랑을 멈추고 그림자를 되찾을 수 있는 어떤 곳으로 돌아가 자기 자신이 돼야 한다.

인생은 여행이다. 국내든 해외든 어디든지 여행을 통해 낯섦을 즐겨야 한다.

"낯선 길을 가는 것을 두려워 말고, 낯선 일에 부딪히는 것 주저하지 말고, 낯선 것을 해보는 일을 멈추지 말라."

– 이시형《어른답게 삽시다》

마지막으로 과거에 하지 않았던 것에 도전하는 것이다. 나는 무대 공포증이 아주 심했다. 남 앞에서 말을 제대로 하지 못했다.《들이대 DID》저자인 송수용 작가가 실시하는 'DID강연 코칭과 치유' 교육을 받고 강연에 도전했다. 2019년 생애 처음으로 100명 앞에서 강의했다. 2020년은 코로나19 여파로 온라인 줌 강의를 여러 번 했다. 앞으로도 처음 하는 일에 도전하는 것을 멈추지 않을 것이다.

낯선 길을 가면 우리 뇌의 전두엽이 활성화되어 늙지 않는다. 낯선 길을 가면 삶이 녹슬지 않는다. 늙는다는 것은 새로운 것을 두려워하는 삶이다. 공부, 여행, 새로운 것의 도전을 통해 낯선 길을 즐겨야 한다. 가장 중요한 것은 자기가 원하는 길을 찾는 것이다. 타인과 비교하지 않고 자기만의 속도로 가야 한다.

호기심은
뇌를 늙지 않게 해주는
무기이자 열쇠다

"전기 퓨즈가 나간 모양이다. 두꺼비집 한번 보고 와 봐라" 어린 시절 어머니는 집에 전기가 나가기라도 하면 나에게 부탁하곤 했다. 두꺼비집은 전기가 가정에 인입되는 곳에 계량기와 퓨즈박스가 설치된 곳을 말한다. 두메산골이다 보니 초등학교 3학년 때 전기가 들어왔다. 전기가 들어오기 전에는 호롱불로 버티며 생활했다.

전기가 처음 들어왔을 때는 예고 없이 단전도 자주 됐다. 한옥이어서 합선이나 누전이 돼 퓨즈가 나가는 일도 자주 있었다. 그 당시 도시의 전압은 110볼트였지만 농촌에는 220볼트로 공급되기 시작했다. 전기는 문명생활을 하게 해준 획기적인 발명품이다. 전기가 집에 들어온 이후 부모님은 밥솥이며 라디오 등 전자제품을 구입했다.

어린 시절 나는 전기에 대한 호기심이 아주 강했다. 일명 무식하게 전기제품을 잘 다뤘다. 집 안의 전자제품이 고장 나면 드라이버로 분해하는 습관이 있었다. 잘못 건드려 밥솥 등 전자제품을 못 쓰게 만든 경우도 많았다. 심지어 맨손으로 전선을 만져 감전된 경우도 있었다.

학창시절은 누구나 유독 호기심이 생기는 분야가 있다. 그 호기심이 직업이 될 수도 있고, 취미활동으로 연결될 수도 있다. 아니면 지식을 얻는 수단이 되기도 한다. 그런데 나이가 들면 들수록 나와 관계없는 것과는 담을 쌓기 시작한다. 즉 '관심이 적어진다'는 얘기다.

금붕어의 기억력은 몇 초일까. 우연히 인터넷을 보다가 눈에 들어온 내용이다. 구체적으로 다음과 같다. '인간의 평균 집중력 시간은 8초지만, 금붕어의 경우 집중력 지속기간이 9초다. 또한, 금붕어의 기억력은 최소 3개월에서 최대 5개월까지다' 단순한 금붕어 기억력만 보면 별 궁금하지 않을 수 있다. 하지만 금붕어와 인간의 집중력을 비교함으로써 흥미를 더 유발했다. '뭐? 우리 인간의 집중시간이 8초밖에 안 돼? 그리고 금붕어는 9초라고? 말도 안 돼. 금붕어 기억력이 무슨 3개월에서 5개월이야. 이건 얼토당토 아닌 내용이야. 엉터리 기사야'라고 생각할 수 있다.

내용이 더 궁금하다면 더 깊이 조사하면 된다. 이 기사 내용을 가볍게 생각한다면 '아 흥미로운 기사로군' 정도로 끝낼 수 있다. 사람에 따라 이 기사는 관심 없는 얘기가 될 수 있고, 새로운 지식 세계를 관찰할 수 있는 지적호기심의 대상이 될 수 있다. 나이와 관계없이 무언가를 안다는 것은 그만큼 좋은 것이지만, 관심이 없는 사람에게 금붕어 세계는 아무리 얘기한들 의미 없게 다가온다.

호기심의 출발은 내가 알고자 하는 생각과 마음이 있어야 한다. 궁금함, 의심, 새로운 것을 알고자 하는 욕구도 있어야 한다. 어떤 대상에 대해 궁금하지도 않고, 알고자 하는 의욕이 없다면 그 사람에게는 무관심한 존재다. 다르게 얘기하면 나이가 들어간다는 얘기다.

"어휴 내가 이 나이에 무엇 때문에 그렇게 복잡한 일에 신경을 써, 난 그런 일에 관심 없어. 알아서 하겠지" 나이가 들어갈수록 내가 아는 것만 알고 싶어 하는 심리가 있다. 새로운 무엇인가를 주입하지 않으면 뇌는 점점 수축한다. 나이가 들수록 의식적으로 관심 분야를 늘려나가야 한다. 새로운 생각을 꾸준히 주입시켜야 뇌를 활성화 시킬 수 있다. 늘 보던 것만 보고 늘 해왔던 것에는 뇌가 더 이상 깨어있지 않게 된다.

40대까지는 신곡을 많이 듣고 CD도 구입하는 등 인기 있는 가수에 대해 관심도 많았다. 가장 많이 구입했던 CD가 가수 터보다. 신곡 음반이 나오기가 무섭게 샀던 기억이 있다.

하지만 40대가 지나면서 신곡과 새로운 가수는 관심에서 멀어지기 시작했다. 그렇게 10년이 지나간 것 같다. 요즘은 자녀에게 부탁해서 최신 곡을 다시 듣기 시작했다. 젊은이들이 부르는 음악 세계로 다시 들어간 것이다. 노래방에 가서 가수 창모의 '메테오' 노래도 불러봤다. 어려웠다. 하지만 신곡을 따라 부르고 듣고 하는 재미를 새롭게 느끼게 됐다. '보란 듯이 무너졌어, 바닥을 뚫고 저 지하까지' 블랙핑크 노래를 흥얼거렸더니 아들이 빼꼼히 쳐다본다.

누구든지 즐기는 취미가 있다. 예를 들어 '색소폰을 잘 불게 되면 어떻게 될까' 하고 상상해본다. 배움에도 일단 호기심이 싹터야 가능하다. 그 호기심을 어떤 형태로든지 의지, 신념 등과 연결해야만 계속할 수 있다. 새로운 취미를 배워 보자. 뇌를 일깨워 주는 수단이 된다.

나는 대학교 때 배웠던 기타를 2011년에 큰아들과 다시 시작했다가 중단한 적이 있다. 퇴직 후에 다시 기타를 배워 볼 생각이다. 과거에 배웠던 취미활동이 있다면 다시 시작해보는 것도 좋다.

"우와 정말 멋진 곳이네. 꼭 한 번 가보고 싶다" 나는 여행프로그램을 즐겨 보는 편이다. 특히 KBS에서 방영한 '산'과 '걸어서 세계 속으로' 그리고 EBS 여행프로그램과 개그맨 김병만의 오지체험 프로그램 등 여행 관련 프로그램은 다 좋아했다. TV에서 멋진 장면을 보면 그곳에 가고 싶다는 욕구가 생긴다.

여행은 호기심을 최고로 자극한다. 국내든 해외든 어디든지 여행을 가는 것은 뇌를 활성화해주기 때문이다. 그런데 나이가 들면 이런 여행도 흥미를 잃어가기 쉽다. 새로운 것을 보더라도 마음에 감동이 없다면 "우와 멋지다!"라고 하며 의식적으로 외쳐야 한다.

나이가 더 들기 전에 독서 세계로 빠져들어 보는 것도 좋다. 독서 습관은 늦어도 50대에 배우지 않으면 습관화하기 어렵다. 독서는 지적 호기심을 자극하게 되어 뇌를 활성화 시킨다. 책을 통해 저자를 만나 현재, 과거, 미래 어디든 갈 수 있기 때문이다. 독서 등 취미활동을 통해 무언가를 새롭게 알아가고 배운다면 지적 호기심을 최고로 만들어 준다.

"호기심이 사라지면서 늙어가게 된다."　　　　　　　　　　- 공병호

137 인생 후반기 제1 덕목은 건강관리다

3장

나이 들어가며
신경 써야 할
것들

'당분간 쉼'이라는
불청객은
쫓아버려라!

"과장님 퇴직하시면 뭐하실 겁니까?", "아직 구체적으로 생각한 것은 없어. 퇴직하면 시간이 많이 있으니까 쉬면서 천천히 생각할 거야. 머릿속에 뭘 할 것인지 대충 생각하고 있는 것은 있거든. 일단 퇴직하면 당분간은 여행도 하고, 하고 싶은 것 하면서 구체적으로 어떤 것을 할 것인지 결정할 생각이야" 퇴직이 1년도 남지 않은 조직 내 부서장이 하는 말이었다.

그동안 열심히 일해왔던 공적을 고려한다면 충분한 휴식을 통해 재충전하는 것이 당연하다. 정년퇴직이든 명예퇴직이든 이제는 퇴직이 남의 얘기가 아닌 내 얘기로 들린다. 베이비부머 세대가 대부분 퇴사하고 있고 이제 60년대생 후반이 다음 차례로 퇴직을 해야 하기 때문이다.

모 지방신문사가 퇴직을 몇 년 앞둔 공무원을 대상으로 은퇴자 교육을 2박 3일 동안 실시하는 과정에 참석한 일이 있었다. 참석한 교육생은 40여 명인데 대부분 1~2년 안에 공로연수 또는 퇴직을 앞둔 분이다. 나처럼 퇴직이 6~7년 남아있는 사람은 두세 명뿐이었다. 이들에게 퇴직 후 무엇을 할 것인지 물었더니 "당분간 쉬면서 뭐 할 것인지 계획하겠다. 아직 특별히 할 것이 없다" 이렇게 응답한 자가 가장 많았으며 1년간 쉰다는 사람도 있었다. 특히 3분의 2 이상이 은퇴 후 일감을 아직 찾지 못한 것으로 답변했다.

2017년 대선후보로 활동했던 모 야당의원이 "선거 패배 후 향후 무엇을 할 것인가?"라는 기자 질문에 "미국에 체류하며 약 한 달에서 두 달 정도 푹 쉬고 싶다"고 말했다. 2018년 동계올림픽에서 금메달을 획득한 이상화 선수도 "당분간 푹 쉬고 싶다"라고 얘기했다. 열심히 일한 뒤에 찾아오는 휴식은 당연한 보상이자, 삶의 충전이 되고 다음을 도약할 수 있는 에너지원이 된다. 현직에 있는 자는 이런 보상을 잘 활용해서 생산성 또는 성과를 최대한 발휘하는 것이 당연한 일이다.

그러나 퇴직 후에는 문제가 달라진다. 당분간은 마음의 여유가 있다. 무엇에 얽매이지 않는 상태다. 순수 자유의지다. 정해진 기간이 없다. 당분간은 1주일이 될 수도 있고, 당분간이 길어지면 1년이 지나가는 것은 시간문제다. 그래서 적정하게 쉬는 것은 재충전이 되지만 너무 과도한 휴식은 독이 될 수 있음을 알아야 한다. 따라서 퇴직 후 당분간 휴식을 취한다면 석 달에서 넉 달 이상 지속되지 않는 것이 좋다.

당분간 충분한 휴식을 통해 몸과 마음을 치유하고, 인생 후반기를 어떻게 살 것인지 설계한다. 인생 2막에서는 지금까지 벌어놓은 돈을 가치 있게 쓰는 것도 중요하지만 내가 하고 싶은 일을 즐기며 살 수 있는 것이 더 중요하다. 벌어놓은 돈, 있는 돈은 행복의 수단은 되지만 행복의 종착역은 되지 않기 때문이다. 은퇴 후에도 일이 있다는 것은 그만큼 행복지수를 높인다.

무엇보다 퇴직 이후는 당분간 쉬면서 인생 후반기에 내가 할 일, 내가 즐길 일을 만들어야 한다. 이것은 하루아침에 만들어지는 것이 아니라서 최소한 50대부터 준비하는 것이 중요하다. 그동안 마음속에 그려왔던 생각을 구체화하는 것이 중요하다. 당분간의 휴식은 인생 2막에 필요한 직업을 찾아가는 여정의 일환이 돼야 한다. 소일거리든 어떤 일이든 간에 내가 하고 싶은 것, 즐길 수 있는 일을 찾는 것이 중요하다.

일에서는 돈을 많이 받든 적든지 간에 수입이 있어야 한다. 그래서 일과 취미활동은 구분하는 것이 좋다. 오랫동안 취미활동으로 해왔던 것이 있다면 수익을 창출하는 일로 만들 수도 있다.

"와우! 책갈피가 너무 예쁩니다. 어쩜 이렇게 손글씨를 잘 쓸 수 있어요?" 내가 아는 지인을 만났을 때 얘기했던 말이다. 이분은 캘리그래피를 잘하는 능력이 탁월하다. 독서모임에 가면 직접 만든 책갈피를 선물로 나눠 주곤 한다. 최근 캘리그래피 강점을 살려 온·오프라인 강좌를 개설했다. 입소문을 통해 조금씩 수강생이 증가하는 추세다. 누구든지 취미활동을 통해 수익을 창출할 수 있다. 잘하는 것을 포지셔닝하고 나만의 색깔로 콘텐츠화하는 것이 중요하다.

내가 아는 50대 지인은 색소폰을 배우기 시작했다. 색소폰을 오랫동안 해온 남편의 권유 때문에 했다고 한다. "색소폰 배우는 것이 너무 재미있다. 이 순간만큼은 모든 것을 잊을 수 있고 아주 행복한 시간이다"라고 얘기한다. 지금도 색소폰 배우는 재미에 흠뻑 빠져 있다. 이분의 취미활동이 인생 후반기에 수익을 창출하는 일이 될 수도 있다.

인생 후반기 당분간 쉰다는 것은 일이 있는 가운데에서 쉬는 패턴이 돼야 한다. 일이 없는 가운데 당분간 쉬는 것은 까딱하면 영원히 쉴 수 있기에 특히 조심해야 한다. 공든 탑이 무너지는 것은 시간문제다. 그동안 해왔던 생활습관도 당분간이라는 불청객이 들어오면 삶이 변질되는 것은 시간문제다. 퇴직 후 당분간의 위력은 파괴적일 수 있다.

당분간 쉬고 싶다는 말을 한 사람이 1년을 아무 변화 없이 생활한다면 어떻게 달라질까. 그야말로 뇌는 안락함과 편안함에 도취해 새로운 것을 준비하고 시도하려고 했던 계획을 무력화시킨다. 새로운 것 또는 뭔가 시도하려 생각했던 모든 의욕이 사라질 수 있고 마음도 크게 위축될 수밖에 없다. 퇴직 후 나이 들어 절대 하지 말아야 할 것이 "당분간 쉬고 싶다", "언젠가는 할 것이다"라는 말을 내뱉는 것이다.

쉽게 돈 버는
고수익 광고는
무조건 의심하라

"부천 오정경찰서는 기업인수 합병상품에 투자하면 고수익을 올릴 수 있다고 속여 은퇴자, 가정주부 등 1,200여 명으로부터 70억 원을 가로챈 혐의로 금융사기단을 검거했다고 발표했다. 경찰에 따르면 이들은 원금의 200%가 될 때까지 돈을 지급하고 하위 투자자를 모집하면 수당의 40%를 수당으로 지급한다고 속여 투자자를 모집한 것으로 밝혀졌다. 특히 투자자 대부분 50, 60대 직장을 은퇴한 사람들인데, 노후자금 등 어렵게 모은 전 재산을 날린 사람이 많다고 했다."

몇 년 전 언론에 보도된 내용이다. 이런 기사를 보면 마음이 안타깝고 불편하다. 은퇴자들이 어떻게 속아 넘어가서 퇴직금을 홀라당 날릴 수 있을까? 퇴직 후 '누구라도 이렇게 당할 수 있겠구나'라는 생각이 들었다. 그래서 남의 일이 아닌 내 일처럼 생각됐다. 금융 사기행각은 어제오늘의 일이 아니다. 독버섯처럼 우리 삶 주변에 늘 존재한다.

퇴직 후 조심해야 할 부분 중 하나가 다단계 금융사기에 걸려드는 일이다. 이는 신규 투자자의 돈으로 기존 투자자에게 이자나 배당금을 지급하는 방식으로 금융사기의 일종이다. 다단계 금융사기는 1920년대 미국에서 찰스 폰지(Charles Ponzi)가 벌인 사기 행각에서 유래됐다. 금융감독원에 따르면 이런 폰지 사기에 걸려드는 투자자들은 대부분 60, 70대의 은퇴자와 가정주부들이다. 지금의 저금리 시대는 웬만한 거금을 소유하지 않고는 목돈이 있다고 해도 이자로 생활하기 힘들다. 이에 많은 사람이 고수익을 안겨준다는 유혹에 쉽게 빠져든 것이다.

"곧 상장될 유망업체인데 투자해볼래?", "조만간 개발 호재가 발표되는 부동산인데 투자해봐", "약용 효과가 우수한 특수작물 재배 성공한 업체인데 투자해볼래?", "미국에 본사를 둔 글로벌 기업이 최근 코로나 치료약을 단독 개발하고 임상실험을 마쳤는데, 투자하면 떼돈 벌 기회야. 한번 해볼래?", "제2의 비트코인인데 투자해볼래?", "코로나19 치료제가 최초 개발되었는데 조만간 대박이 나는 상품이야!" 잠시 눈만 돌리면 생활주변에 고수익을 보장한다는 근거 없는 광고들이 눈먼 소비자를 유혹한다. 특히 요즘 같은 저금리 시대에 더욱 기승을 부리고 있다. 고수익 투자처를 찾는 사람들의 욕심을 노리는 것이다.

이런 곳에 속아 넘어가는 사람들 가운데 왜 유독 은퇴자들이 많은 것일까. 살아온 세월만큼 사회경험이 풍부하기 때문에 사기를 당할 일은 없을 거로 생각할 수 있지만 상황은 그렇지 않다. 분위기에 휩쓸려 판단을 흐리게 만든다. 그러면서 쉽게 넘어가게 된다. 누구나 고수익을 바라는 인간의 기본심리를 악용한 것이다. 은퇴자 또는 인생 2막을 준비하면서 절대 당하지 말아야 할 것 중의 하나가 고수익에 현혹되는 것이다. 이런 사기를 당하면 재정적 안정이 좀처럼 회복되기 어렵기 때문이다. 한마디로 치명적이다. 이런 유혹에서 벗어나려면 무엇을 해야 할까.

나는 주말농장을 3년째 해오고 있다. 고구마, 옥수수 등을 재배한다. 작년에 풀 관리를 제대로 하지 않았더니 수확량이 감소했다. 내가 얼마나 애정을 갖고 관심을 가지느냐에 따라 농작물 수확에도 영향을 준다. 자연은 정직하다. 절대 오버하지 않는다. 노력한 만큼 수확에 영향을 준다. 주말농장을 통해 자연의 이치를 배웠고 삶의 지혜를 발견했다. '세상에 공짜는 없다'는 평범한 진리다. '뿌리는 대로 거둔다'는 것도 비슷한 의미다.

"세상에 공짜는 없다. 뿌린 대로 거둔다."

아주 평범한 말인 것 같지만 체화하면 좋다. 살아오면서 마치 경전처럼 생각하는 말이다. 대인관계든 사업이든 한번 생각해보자. 그 어떤 관계든 갑자기 호의를 베푸는 사람은 상대적으로 그만한 이유가 있는 것이다. 세상에 이유 없는 무덤 없듯이 호의를 베풀 때는 반드시 이유가 있다. 10년 동안 아무 연락이 없는 고향 친구가 갑자기 연락이 와서 도움을 요청해도 그렇고 평소 교류가 전혀 없던 사람이 호의를 베풀 때도 마찬가지다.

인생 2막을 준비하면서 돈에 대한 자기만의 원칙을 정하는 것이 좋다. 돈도 어떻게 버느냐에 따라 돈의 가치는 달라진다. 노점에서 할머니가 김밥을 팔아 모은 1억 원, 농부가 피땀을 들인 농작물 수확으로 번 돈, 직장에서 퇴직하면서 받은 퇴직금으로 번 돈은 삶의 땀방울과 애환이 깃든 고귀한 돈이다. 반면, 로또 1등으로 받은 돈, 타인을 악용해서 번 돈은 상대적으로 저급한 돈이다. 같은 돈이라도 어떻게 벌었느냐에 따라 돈의 가치는 분명 달라진다. 로또 당첨된 돈과 노력으로 번 돈은 분명 차이가 있다. 그래서 쉽게 번 돈은 쉽게 나간다. 돈에 대한 사고를 잘 정립하는 것이 특히 중요하다. 노력과 대가 없이 돈을 쉽게 벌 수 있다는 생각의 싹을 없애야 한다. 설령 고수익을 얻었다 하더라도 이 돈은 상대적으로 쉽게 빠져나갈 수 있음을 알아야 한다.

옛말에 '성을 공격하는 공성보다 성을 지키는 수성이 더 어렵다'고 했다. 돈도 마찬가지다. 돈을 버는 것도 중요하지만 있는 돈을 어떻게 잘 관리하느냐가 중요하다. 수천억 원의 자산가이자 세계적인 도시락업체 '스노우폭스(Snowfox)'의 김승호 회장은 돈을 모으는 기술이 네 가지가 있다고 했다. 돈을 모으는 기술, 버는 기술, 굴리는 기술, 다루는 기술이 그것이다. 평소 돈에 대한 생각과 태도도 중요하다. 부정한 돈은 칼이 된다. 값진 노력을 통해서 번 돈은 배신하지 않는다. 인생 후반기에는 한마디로 퇴직금이나 노후연금, 목돈을 투자해서 쉽게 돈을 벌 수 있다는 생각의 고리부터 끊는 것이 중요하다.

도박 좋아하는 타짜는
영화 속 주인공일 뿐

"시아버님 똥 먹으세요, 장모님 똥 드세요" 설 명절이 되면 처가, 시댁에서 고스톱 칠 때 볼 수 있는 상황이다. 설 명절 빠질 수 없는 놀이문화 중 하나가 화투였다. 40, 50대 이상 된 분들은 누구나 고스톱과 관련한 에피소드 한두 개씩은 있다. 30대 이하 사람들은 삼촌, 이모 또는 부모님이 하는 모습을 보고 자랐을 것이다. 그래서 예전에는 어느 집에 가더라도 화투가 기본으로 있었다. 마치 밥숟가락이 있는 것처럼 가정의 필수품이었다.

1992년 입사할 당시 사무실 환경도 별반 차이가 없었다. 야근 또는 휴일 근무를 할 때는 고스톱이나, 포커가 빠지지 않았다. 회사 주변에 차를 파는 다방과도 공조체계가 잘 됐다. 차를 주문하면서 화투가 없으면 사오라 얘기하고, 담배 등 잡다한 심부름을 시키는 것은 기본이었다. 심지어 고스톱이나 포커를 칠 수 있는 공간이 있는 다방도 있었다. 퇴근 후 또는 업무가 끝나면 특별한 놀이 문화가 없었기 때문에 1주일에 한두 번은 기본으로 고스톱을 즐겼다. 가끔 날밤을 새운 적도 있다. 그 다음 날이 되면 돈 잃고 몸은 천근만근 상태였다.

그런데 요즘은 명절이나 사무실에서 이러한 풍습과 문화는 찾아볼 수 없는 시대가 됐다. 인터넷이 발달하면서 PC, 스마트폰으로 놀이문화가 전환됐기 때문이다. 40, 50대 이상은 고스톱, 포커, 바둑, 장기 등을 경험하며 자랐다. 반면 지금의 젊은 세대는 온라인 게임, 스마트폰을 사용하며 자란 세대다. 명절에 처가나 시댁에서 고스톱을 치는 풍경은 이제 사라졌다. 손자, 손녀들은 피시방으로 가거나 스마트폰을 즐긴다. 세대 간 융합의 끈이 없어지고 각자 즐기는 문화로 바뀌고 있다.

세대 간 즐기는 문화 방식은 다르지만 사행성 게임이라는 공통주제로 즐기는 것은 같다. 이러한 게임은 우리가 살아가는 세상에 쾌락과 즐거움을 주기 때문이다.

"목숨을 걸라 하면 몇 점 깔겠어. 쪽팔려 하지 마, 너 목숨인데 신중하게 생각해야지" 이 대사는 영화 '신의 한 수 귀수 편'에서 배우 권상우가 기찻길 위에서 목숨을 건 내기바둑을 제안하며 부산잡초에게 던진 대사다. 이렇듯 영화 흥행배경에도 인간의 사행성 심리가 녹아 있다.

네이버 지식백과에 '도박이란 불확실한 결과에 대해 돈을 걸고 하는 내기를 말한다. 승부를 걸고 하는 모든 내기는 도박이다. 도박 자체가 문제가 아니고 지나치게 몰입하는 것이 문제다'라고 돼있다. 돈이 오가는 것을 도박이라 규정하지만 심심풀이로 아주 적은 돈을 걸고 게임으로 하는 것까지 문제 삼지는 않는다.

경로당에는 고스톱, 장기, 바둑 등으로 시간을 보내는 분들이 많이 있다. 이러한 게임을 하면 두뇌 회전을 하게 돼 정신건강에 좋다는 얘기도 있다. 특히 고스톱은 노인성 치매 예방에도 효과가 있다는 연구 보고도 있다. 따라서 은퇴 후 이러한 게임은 적극적으로 즐겨야 한다. 하지만 사행성 게임은 중독성이 강하다는 데에 문제가 있다.

"노름판에서의 진짜 행운은 가장 좋은 카드를 손에 쥐는 데 있는 것이 아니다. 가장 운이 좋은 자란 자리에서 일어나 집으로 가는 때를 아는 자다."
– J.M.헤이

신영철 외 2인이 지은 《어쩌다 도박》에 보면 "도박중독은 병이다"라고 얘기했다. 비트코인, 스포츠 베팅, 주식 등이 중독위험이 있다는 것을 경고하고 있다. 저자는 우리나라를 도박하라고 부추기는 도박공화국이라고 말한다. 은퇴 후 일정한 일거리가 없거나 시간 여유가 많을 경우 도박의 유혹에 빠지기 쉽다. 처음부터 금전 단위가 커지지 않는다. 가볍게 시작한 것이 시간이 지나면서 금액이 커진다. 작년 12월 도박으로 한 가정이 파괴되며 전국을 떠들썩하게 한 뉴스가 있었다. 42세 남성 A 씨는 도박중독에서 헤어나지 못하고 아내 B 씨(39세)를 8살 아들이 보는 앞에서 끔찍하게 살해했다. 도박을 하지 않겠다고 여러 차례 약속을 받았지만, 도박 중독자에게는 물거품 약속이었다.

작년 10월 최형두 국민의힘 의원이 공개한 한국도박문제관리센터 자료에 따르면 8월 기준 7,348명이 도박 문제로 상담을 받았다. 월평균 918명으로 지난 5년 동안 가장 많은 수치로 나타났다.

　도박 유혹에서 벗어나려면, 다양한 취미거리를 찾거나 본연의 일이 있는 것이 중요하다. 도박중독은 돈을 따고 잃고 문제가 아니라고 한다. 정신적인 영향도 크다는 얘기다. 승부가 주는 쾌감에 뇌가 중독돼 나타나는 현상이다. "가자, 단 도박으로. 돌아가자 일상으로. 즐길 때는 유쾌하게, 멈출 때는 단호하게" 국내 카지노 사업장으로 유명한 강원랜드에서 도박중독의 위험성을 알리는 홍보문구다. 이곳에는 도박중독관리센터가 있다. 병 주고, 약 주는 곳이다. 인생 후반기 도박에서 벗어나는 유일한 길은 자기만의 일에 재미를 갖는 것이다. 평생 놀 거리, 즐길 거리를 찾아야 한다.

성추행 등
이성과 연관된 사건은
인생을 쫑낸다

"칼 갈아요, 칼~" 집에서 쉬고 있는데 도로변에 칼을 갈아 준다는 소리가 들렸다. 주방의 식칼이 무뎌질 데로 무뎌져 과일도 잘 깎이지 않는다. 한 부모 가장이다 보니 모든 살림살이는 내 몫이다. 나는 칼 가는 전문가를 통해 1년에 한 번 또는 두 번 정도 식칼을 갈고 있다. 칼 은 우리 생활에 없으면 안 될 필수도구다. 식칼, 문구용 칼, 공업용 칼 등 다양한 용도로 우리 삶을 편리하게 해준다. 하지만 칼은 용도에 맞 게 사용해야 한다. 용도를 벗어나서 쓴다면 칼의 운명이 달라진다. 수 술용 칼은 환자의 생명을 살릴 수 있지만, 수술용 칼이 강도에게 가면 흉기가 된다. 그래서 모든 칼은 사용하기에 따라 흉기가 된다.

신이 인간에게 종족 번식으로 부여해준 성적 본능도 마찬가지다. 성을 어떻게 표출하느냐에 따라 성을 통해 활력을 찾을 수도 있고, 성을 통해 영원히 매장될 수 있다. 그래서 성은 칼과 같다. 마치 칼처럼 인간을 죽이고 살릴 수 있는 무기와 비슷하다. 성과 관련한 사건에 피해자나 가해자가 목숨을 달리하는 경우를 많이 봤다.

○○광역시장 부하직원 성추행, ○○도지사 위력에 의한 간음, ○○특별시장 비서실 직원 성추행, 학교, 체육 지도코치 등 스승이 제자를 성폭행, N번방에 의한 광범위한 성폭행 강요 등 우리 사회는 성과 관련된 사건이 끊임 없이 발생하고 있다. 이러한 사건·사고는 시대를 거슬러 올라가더라도 여전히 있었다. 과거에는 온라인 매체가 없었고 사회적 분위기 때문에 노출이 안 됐을 뿐이다. 1998년 미국의 클린턴 대통령과 백악관 인턴이었던 르윈스키와 불륜 사건은 미국 역사에 남을 최고의 불륜 스캔들이었다. 아마도 추측하건대 인간의 종족 번식 본능, 성적 본능이 없어지지 않는 한 이러한 성범죄는 종식되지 않을 것이다.

'성매개 감염병에 걸리지 않도록 안전한 성생활 하기' 이것은 정부가 정한 암 예방 건강수칙 10가지 중 여덟 번째에 있다. 성을 절제해 잘 사용하면 성 에너지로 인해 더욱 건강을 유지해준다. 하지만 잘못 분출이 되면 사회에서 사망선고를 받을 만큼 후폭풍이 크다. 그래서 성과 연루된 사람은 평생 흔적을 지울 수 없는 오명이 따라다닌다.

2018년 우리 사회 미투운동이 전개된 후 남녀 차별 없이 평등하게 혜택을 받는 양성평등 정책이 강화되고 있다. 이 때문에 직장에서도 관련 법률에 의거 이와 관련한 교육을 의무적으로 받는다. 이제는 남녀 간 인식의 틀도 바꿔 나가야 한다. 인생 2막에서도 중요한 것은 성이다. 이것을 잘 다스리면 건강을 관리하는 데 도움을 준다. 인생의 성공도 연결해주는 매개체가 된다.

"성은 인간의 감정 중에 가장 강하다. 성 에너지를 육체적 소망에서 다른 소망으로 능숙하게 전환해 행동을 일으킬 때 비로소 큰 성공을 거둘 것이다." — 나폴레온 힐

40, 50대가 되면 성에 대한 자기만의 인식의 틀이 형성돼있다. 다르게 얘기하면 개개인의 사고, 행동특성, 습관에서 비롯된다. 성과 연루된 일들은 하루아침에 우발적으로 발생되기 보다는 왜곡된 성 관념 또는 그간의 행적에서 알 수 있지만 노출이 안 되는 특성도 있다. 성은 외형적으로 표출되는 성질이 아니기 때문이다. 피해 상대자 이외 어떤 대상도 알 수 없는 특징이 있다.

앞서 언급했듯 사회적으로 명성이 높은 유명한 공인도 성추행에 연루돼 인생이 추락했다. 공인으로서 본인의 업무는 문제없이 추진했는데 성은 왜 그렇게 큰 잘못을 범했을까. 성추행이 발생하면 후폭풍이 크리라는 것을 충분히 알고 있음에도 사건은 연속해서 터지고 있다. 평소 왜곡된 성 의식이나 행동이 있는 사람이 문제다.

"어휴, 저 사람이 성추행했다고? 상상할 수 없는 일이야. 설마!" 설마가 사람 잡는 경우다. 외형으로 볼 때 말짱한 사람들이 성에 연루돼 보도되는 것을 볼 때마다 이성적으로 완벽하게 통제할 수 없는 영역이

라는 것을 깨달았다.

성과 연루된 사건 사고는 많이 배우고 적게 배우는 것의 문제만이 아니다. 살아온 환경의 문제며 성교육이 제대로 된 역할을 못 한 부분도 있다. 앞으로 인생 2막을 잘 준비해서 비상하기 위해서는 성 에너지 원리를 이해하고 조절해야 한다. 성과 관련된 사건, 사고는 한 인간을 죽음으로 몰아넣을 만큼 가혹하다. 한방에 훅 갈 수 있다. 누구든 자유로울 수 없다. 성과 관련해서 평소 꾸준한 자기관리가 요구된다. 자신을 담금질한다는 생각으로 마음과 정신을 갈고 닦아야 한다.

'술김에 그랬다'는
핑계는 그만

"내일 담배 하는 날인데 술도가 가서 술을 좀 받아 오너라" 어린 시절 우리 집의 주 수입원은 담배농사였다. 어머니께서 술심부름을 시키면 주전자를 들고 집에서 걸어서 20분 되는 곳에 있는 술도가에 막걸리를 사러 간 적이 있다. 그 당시 막걸리는 주전자 같은 용기에 덜어서 팔았는데 사 오는 길에 홀짝홀짝 마신 기억이 있다.

부모님은 담배농사를 지으셨다. 담뱃잎을 수확하는 일, 수확해온 잎을 엮어서 건조실에 다는 일은 고된 일이었다. 그래서 담뱃잎을 수확할 때마다 담배 농사를 짓는 집안끼리 서로 도와가면서 일을 했다. 일명 품앗이다. 이때 꼭 빠지지 않는 것이 막걸리다. 어머니는 주전자에 받아온 술로 밀가루에 막걸리를 섞어 반죽했다. 그리고 사랑방 아랫목에 이불을 덮어 발효를 시켜서 술빵을 만들어 주셨다. 나에게 첫

술은 막걸리였고 술빵은 어린 시절 농사일로 어렵고 힘들게 자랐던 기억을 되살려 주는 소중한 추억이 됐다.

"왜 이런 일을 저질렀습니까. 피해자에게 한 말씀 해주시죠", "술김에 그랬는데 전혀 기억이 나지 않습니다" 검찰청, 경찰청 등 포토존에서 방송, 언론 기자가 피의자로 지목된 사람에게 자주 묻고 답하는 단골메뉴. 성폭행, 살인, 강도, 강간 등 우리 일상생활의 각종 사건 사고에 연관되는 것이 바로 술이다. 직장에도 평소 얌전하던 사람이 술만 마시면 난폭해지고 술주정을 하는 사람이 있다. 술만 마시면 꼭 노래방을 가야 한다. 술만 마시면 폭음을 하는 스타일이다. 술을 마시면 끝장을 보는 사람도 있다. 술만 마시면 위아래도 없이 무례하게 행동하는 사람이 있다. 술을 마시더라도 타인에게 불편을 주는 일은 절대 해서는 안 된다.

술은 마시는 상대에 따라 격이 있다. 편안한 친구를 만나 한잔 할 때와 비즈니스로 만나 한잔할 때는 분명 차원이 다르다. 인간관계에서 가장 경계해야 할 스타일이 술만 먹으면 본성이 변질되는 사람들이다. 직장 동료라면 술자리를 피하면 되지만 이런 상사를 만난다면 직원들은 괴롭다. 정작 당사자는 술버릇이 잘못된 것인지 모른다거나 알게 되어도 문제가 된다. 주변에서 술버릇을 조언을 해주는 사람이 있다고 하더라도 쉽게 고쳐지지 않기 때문이다.

"술의 남용이 여러 사람을 광란으로 인도함은 의심할 수 없는 사실이다. 또한 사람을 마취로 인도하는 것도 이미 일종의 광란임을 잊어서는 안 된다."

— 구르몽

"술이 사람을 마신다"는 말이 있다. 인사불성 상태, 제정신이 아닌 상태를 말한다. 우리 사회에서 발생되는 일련의 사건, 사고들에 술이 있다. 직장, 친구, 각종 모임에서 술이 원인이 돼 무너지는 사람을 너무나 많이 봐왔다.

한번은 퇴직을 앞둔 지인과 저녁 식사를 할 일이 있었다. 그 전에도 함께 저녁 식사 겸 술을 마신 적이 가끔 있었다. 그분의 평소 모습은 아주 단아하고 자기관리가 철저한 분이다. 배우는 것을 좋아하고, 술잔을 기울이며 주변 사람과의 분위기를 아주 좋게 하는 분이었다. 그 전에도 함께 저녁 식사 겸 술을 마신 적이 가끔 있었다. 술이 들어가자 요리해온 해물 안주를 문제 삼아 서빙 하는 아주머니와 시비가 붙었다. 해물이 양식인지, 자연산인지, 중국산인지, 국내산인지 등이 시비의 주된 내용이다. 중요한 사실은 아주머니가 사과했음에도 불구하고 오히려 더 소리를 쳤다. 결국 그 아주머니는 울음을 터트렸다. 분위기는 순식간에 썰렁해졌다. 그 후 이분과 거리는 자연스럽게 멀어졌다.

술은 슬픔을 달래주고, 기분을 더 즐겁게 해주는 효과가 있다. 적정하게 마실 때에만 위력이 발생한다. 살면서 가장 나쁜 수단 중의 하나는 술에 의지해서 생활하는 사람이다. 술은 잠시 기분을 풀어줄 수 있지만 최종 해결책이 아니다. 나는 이 말을 진리로 생각하고 철저히 실천하고자 노력했다. 2010년 한 부모 가장이 된 이후 술에 의지하고 싶은 유혹은 많이 있었다. "술을 마시더라도 절대 실수해서는 안 된다", "사람이 유연해지고 풀어지는 모습을 보일지언정 상대방에게 실언은 하지 않아야겠다"는 것을 철칙으로 생각했다. 만약 술에 의지해서 생활했더라면 돈은 돈대로 탕진했을 것이고, 생활은 밑바닥으로 추락해서 내 삶이 엉망진창 됐을 것이다.

술이 분명 좋은 점이 많지만, 주량보다 많이 마시면 악마의 길로 안내하는 매개체가 될 수 있다. 지식인이든 공인이든 술로 실수하는 사람을 보면 평소 그 사람에게 각인된 좋은 이미지는 손상받는다. 50대부터 자기 주량은 잘 관리해야 한다. 술을 주체할 수 없는 사람을 보면 추하게 보이기 때문이다. 술에 장사 없다는 얘기가 있듯이 주량을 과신하지 말아야 한다.

방송인 송해 선생은 90세가 넘은 고령임에도 오랫동안 KBS 전국노래자랑 사회자로 활동해 오고 있는데, 애주가로도 정평이 나 있다. 재작년 비슬산 참꽃 축제에서 이분을 뵌 적이 있는데 식사를 30분 이상 오랫동안 했고 건강한 기운이 넘쳐 보였다. 술을 아주 좋아하는 애주가임에도 불구하고 평소 주량관리를 잘 해왔다는 방증이다.

내가 아는 지인 한 분도 올해 80살인데 송해 선생 못지않게 애주가다. 식사 때마다 소주 한 병을 마신다. 이분이 최근 건강검진을 한 결과를 알려줬는데 지방간이 조금 있는 수준 외에 어떤 질환도 없다고 한다. 결과적으로 이분도 주량대로 마신다. 과음하는 일은 잘 없다. 100세 시대 인생 후반기는 장거리 마라톤과 같다. 술을 통해 스트레스도 풀고 삶의 활력이 되는 도구가 돼야 하며 될 수 있으면 생산적인 수단이 되도록 활용하면 좋다.

말 많은 사람은
사기꾼 보듯 하자

말이 많은 사람을 수다쟁이라 한다. 말이 없는 사람을 과묵하다고 한다. 말을 잘하는 사람을 달변가라고 한다. 나는 근본적으로 말이 적은 과묵한 내향적 인간이다. 다른 사람과 말을 섞는 것을 좋아하지 않고 말을 많이 하는 스타일도 아니다. 그러나 말을 하는 것은 상대적이다. 아무리 과묵한 사람이라도 가족이나 편한 친구에게는 말을 많이 한다. 내가 그랬다. 사람은 어떤 유형이든 간에 말을 많이 하는 욕구가 있다. 경청이 잘 안 되는 것도 근본적으로 인간의 말하는 욕구 때문이다. 하고 싶은 말을 참는다는 것은 인내심이 필요하다. 내공도 필요하다.

말은 많이 하는 것보다 적게 하는 것이 유리하다. 말을 많이 해서 문제가 되지, 하고 싶은 말을 못해서 문제가 되는 것은 잘 없기 때문이다. 이 사실을 알면서도 현실적으로 잘 안 된다. 꼭 하고 싶은 말이더라도 잠시 말하지 않고 참아내면 원래 하고자 했던 말이 쓸데없는 말이 되는 경우도 많다. 말은 생각의 열매다. 입안에서 하고자 했던 생각이 여물지 않고 입으로 나온 말은 공해다. 그런 말은 상대방이 귀담아듣지 않는다. 말에는 상호 울림이 있어야 한다. 말은 입에서 나오기 전에 열 번 생각하고 내뱉어야 할 만큼 신중하게 얘기해야 한다.

말은 그 사람의 인격과 살아온 삶의 흔적을 볼 수 있다. 말에 힘이 있고 긍정적인 말, 감사한 얘기를 많이 하는 사람은 다음에도 만나고 싶은 사람이다. 반면, 말끝이 흐리고 부정적 표현을 자주 하는 사람은 경계해야 한다. 말이 많은 사람도 경계해야 한다. 말이 많으면 그 말속에는 반드시 거품이 있기 때문이다.

말은 의사교환 수단 중 하나이지 말로서 상대방 전부를 알 수는 없다. 오랫동안 같이 지낸 부부조차도 상대방 본심을 모르고 생활하는 경우가 많다. 말을 많이 하는 사람과 같이 근무한 적이 몇 번 있었다. 그 사람과 얘기를 하면 거의 듣는 모드로 바뀐다. "왕년에 내가 이런 사람이었다"부터 시작해서 대부분 하는 얘기가 자기 자랑이다. 그 사람과 같이 근무한 적이 없는 직원이 한 번은 "그 사람의 능력이 대단하다"라고 말했다. 당직을 같이했는데 궂은일, 힘든 일은 모두 그 말 많은 사람이 했다고 했다. 나는 즉답을 피했다. 하지만 그는 승진도 동기보다 더 늦었고 다면평가에서도 하위 점수를 받았다.

박경철의 《자기혁명》에 보면 "침묵은 가장 능동적 대화다"라고 말한다. 책 내용을 조금 언급하자면, "침묵은 생각을 낳고 생각은 얼마든지 시간을 거꾸로 되돌릴 수 있다. 인간은 자신이 나온 침묵의 세계와 자신이 들어갈 또 하나의 침묵의 세계(죽음) 사이에 살고 있다" 나이가 들수록 말수를 줄이고 침묵해야 하는 이유다.

"태초에 침묵이 있었다"는 말이 있다. 침묵의 힘은 위대함을 보여준다. 침묵에서 생각이 싹튼다. 말이 많으면 생각의 틀 안에 갇히기 쉽다. 내가 알고 있는 정보, 지식이 세상 전부가 아니다. 말이 많으면 그 속에 반드시 거품이 있음을 알아야 한다.

어머니는 살아계셨을 때 의료기기 행사장에 자주 가셨다. 그곳에서는 의료기 무료체험 등 다양한 레크레이션을 한다. 일정한 요건만 충족되면 휴지, 소금 등 생필품을 무료로 준다. 한번은 어머니께서 200만 원이 넘는 의료기기를 꼭 사야겠다고 하면서 카탈로그를 내게 보여줬다. 물건에는 광고하는 것과 다르게 거품이 있었다. 나는 불만이 있었지만 어쩔 수 없이 사 드릴 수밖에 없었다.

노인을 상대로 물건을 파는 행사장은 전국적으로 수도 없이 많이 있다. 좋은 사례보다 피해 사례가 더 많이 있다. 노인을 상대로 보이스 피싱 사기 사례도 마찬가지다. 상황에 따라 심각하고 화려한 표현을 통해 상대방을 현혹시킨다. 개인이든 제품을 광고하는 기업이든 어떤 유형이든 간에 말 많은 곳에는 거품이 있다. 부모님 세대에는 통했던 이런 방식이 후대에도 계속 될 것인지는 미지수다. 하지만 평소 준비하고 대응한다면 나이 들어서 이런 유형의 사례에 휘말리지 않을 것이다.

남과 비교하지 않는
나만의 속도가 중요하다

"숨 가쁘게 살아온 지난 시절을 되돌아보면 해놓은 것은 없는 것 같고 나이만 먹어가는구나~" 거울을 보며 얼굴에 비친 세월의 흔적을 봤다. 영락없는 50대 중년의 모습이구나 싶다. 그동안 열심히 살아왔더라도 아쉬움이 남는 것이 인생이다. 완벽한 인생은 없기 때문이다. 단지 후회를 줄일 수 있는 인생을 사는 것이 중요하다. 인생 후반기를 어떻게 살 것인지 방향을 정하고 속도를 정해야 한다. 마라톤으로 비교하면 페이스메이커다. 나만의 속도를 찾는 것이다.

"마음 울적한 날엔 거리를 걸어보고, 향기로운 칵테일에 취해도 보고, 한 편의 시가 있는 전시회장도 가고, 밤새도록 그리움에 편질 쓰고파" '칵테일 사랑' 노래 가사의 일부를 흥얼거려 보았다. 이런 노래를 부르거나 듣게 되면 내 가슴은 예전 향수에 젖어든다. 하지만 실제 받아들이는 마음의 온도는 다르다. 왜 그럴까. 아마도 가슴 떨림과 설렘이 작아졌다는 얘기다.

나이가 든다는 것은 그동안 경험한 것들이 축적된 것에서 자연스럽게 나타난다. 하지 않았던 새로운 일, 새로운 것들에 도전해야 한다. 그래야만 그나마 두뇌에 조금이라도 자극이 간다. 늘 해왔던 것에서는 새롭거나 신선한 것이 없다. 내가 아는 직장인 동료 가운데 퇴직을 앞두고 색소폰, 기타를 배우는 분들이 있다. 악기를 배우면 퇴직 후 콘서트 또는 봉사활동이 가능하다. 자기의 재능을 사회에 기부함으로써 이웃에게 사랑을 실천하는 삶을 살 수 있다. 생전 그림을 그려보지 않은 사람도 그림 그리기에 도전해서 전시회를 열 수 있다. 이시형 박사는 80세가 넘는 나이에 전시회를 개최했다. 자신을 깊이 성찰하다 보면 내가 무엇을 해야 할지 방향과 속도까지 알 수 있다.

시간이 가는 속도는 나이가 먹는 만큼 속도가 난다고 한다. "뱁새는 황새 따라가지 않는다"는 말이 있다. 지치지 않고 인생 2막을 잘 가려면 남과 비교하지 않고 나만의 속도와 방식을 찾아가는 것이 중요하다. 즉, 천천히 가더라도 성장이 전제돼야 한다. 하지만 현실은 녹록지 않다. 우리 삶은 주변으로부터 영향을 받기 마련이다. 강점을 잘 살리면 좋지만, 때로는 다른 사람으로부터 상처를 받기도 한다.

"누구 자식은 검사, 변호사, 의사가 됐더라" 자식 자랑을 하는 사람을 보면 마음이 편치는 않다. '인생 후반기 운명은 자식의 직업 안정도와 일치한다'라는 얘기가 있다. 퇴직 후 재정적으로 안정되거나 새롭게 얻은 일자리가 마음에 들더라도 자식이 백수로 집에서 빈둥거리면 마음이 편하지 않다.

지금까지 살아오면서 해왔던 일은 내가 선택하고 결정했다. 직업과 환경을 통해 그동안 살아왔던 삶의 방식과 태도는 현재의 나를 만들었다. 학교 동기 중에 건설현장 노동일을 오랫동안 해온 친구가 있다. 아마 반평생을 노동일을 하며 보낸 친구다. 직업의 다양성에서 보면 좋고 나쁨이 없다. 하지만 건설현장 일 특성상 나이가 들면 지속하기 힘든 일이다. 한편으로 보면 이 친구는 자기만의 속도로 인생을 살아왔다. 아마 이 친구의 미래는 그동안 살아왔던 틀 안에서 크게 벗어나지 않을 것이다. 우리는 이 친구 인생을 두고 잘살고 있는지 못 살고 있는지 판단할 수 없다. 판단 기준을 어디에 두느냐에 따라 달라지기 때문이다.

인생 후반기는 타인과 비교하지 않는 나만의 속도를 찾아가자. 나만의 속도는 현재 살아온 삶의 틀을 깨고 변할 때의 속도를 말한다. 내가 참가하는 독서모임에는 다양한 계층의 분들이 참석한다. 분명한 것은 책을 읽는다는 것 자체가 성장을 의미한다. 책을 통해 삶을 업그레이드하려는 분들이다. 각자 생활습관과 책 읽는 방식, 사고력, 정보 수준에 따라 책 흡입력도 다르다. 그래서 성장 속도도 차이가 난다.

작년 초 책 쓰기 교육을 받았다. 워드프로세스를 잘 다루는 사람도 있고 독수리 타법으로 치는 사람도 있다. 각자 해온 분야와 살아온 환경이 모두 달랐다. 같이 교육을 받았지만 벌써 책을 출판한 사람도 있고, 최근 출판계약을 한 사람도 있다. 하지만 아직 출판계약도 하지 못한 사람도 있다. 각자의 속도가 있다.

어제와 다른 오늘을 살아가는 사람, 남과 비교하지 않고 성장하는 사람을 '업글인간'이라 한다. 업글 인간은 김난도 교수가 집필한 《2020 트렌드 코리아》에 등장한 단어다. 인생 후반기에 접어들었다 하더라도 선의의 경쟁은 반드시 필요하다. 절대 지치지 않는 나만의 속도를 찾아야 한다. 어떤 형태든 혼자 하는 것보다 경쟁하면 능률이나 성취 면에서 유리하다. 자기계발을 위해 열심히 노력하는 사람과 자주 어울리는 것이 중요하다. 내 의지와 노력은 주변 사람과 영향을 주고받기 때문이다.

나는 인생 후반기 삶을 '천천히 서두르기'하며 사는 것을 목표로 삼았다. 절대 지치지 않아야 한다. 자식 자랑에 주눅 들지 않아야 한다. 같이 배웠던 자가 조금 더 잘 나가더라도 상처받지 않아야 한다. 그러기 위해 자존감을 높이고 내면의 근육을 올리자. 현실에 머무르는 생각, 새로운 도전을 하지 않는다는 생각은 절대 하지 않아야 한다.

백 마디 이론보다
한 가지 실전 노하우가
값지다

"부동산에서 법정지상권의 성립요건은 근저당권 설정 당시 토지와 건물 소유주가 같아야 합니다" 부동산 경매 공부 수업을 받을 때 교수님이 했던 말이 귓가에 맴돌았다. 경매가 대중화되면서 너도나도 돈을 벌기 위해 경매를 배운다. 경매 공부를 하면서 얻은 교훈이 있다면, 경매는 누구나 시작할 수 있지만, 아무나 돈을 벌지 못한다는 것이다. 또 하나는 경매이론이 아무리 풍부해도 실전 노하우가 중요함을 깨달았다.

경매 강의를 하는 교수님의 경매이론이 아주 해박하다. 물론 다양한 경험도 있다. 하지만 가르치는 교수님은 실전경험보다 이론에 강한 분이다. 실전 경험이 강하다면 아마도 큰돈을 벌었을 것이다. 그만큼 이론과 실전경험 사이에는 스스로 건너야 할 경험의 다리가 있다.

주식 투자에 밝은 명강사도 마찬가지다. 이분이 열변을 토해내는 재능은 강하지만, 실제 수익을 올리는 것과는 별개 문제다. 모든 증권 분석 전문가가 말한 것처럼 실천해서 큰돈을 벌었다면 더 이상 증권 분석을 하지 않고 은퇴했을 것이다.

백종원 하면 음식 전문가로 유명한 분이다. 이분은 이론만 밝은 것이 아니라 음식점을 운영하면서 경험한 노하우도 많이 있다. 음식 관련 창업 후 어려움을 겪는 많은 분이 백종원을 찾는 이유다. 나는 이론과 경험을 골고루 보유한 것이 요식업자에게 먹히고 있다고 본다. 백 마디 말보다 단 한 번의 실전 경험에서 나오는 말에서 진정성이 더 우러날 때도 있다. 그만큼 경험은 인생에서 지혜를 주며 중요한 성장동력을 만든다. 특히 실패한 경험, 고통의 바닥을 딛고 일어선 경험은 보석보다 더 값어치가 있다.

2010년에 한 부모 가장이 됐을 때의 일이다. 퇴근 후 저녁 7시쯤 돌봄 교실에 둘째 아이를 데리러 갔다. 선생님과 우리 아이가 단 둘이 있는 것을 봤다. 아버지가 언제 올까 기다리고 있는 모습을 보니 마음이 쓰리고 아팠다. 나는 둘째 아이가 초등학교 4학년이 될 때까지 방과 후 돌봄 교실에 직접 데리러 갔다. 둘째 아이가 신종플루 진단을 받은 일도 있었다. 직장에서 며칠 휴가를 냈고 병원에서 날밤을 세며 같이 지낸 적도 있었다. 아내가 있으면 사정에 따라 남편이 병원에 날 밤을 안 새워도 되지만, 한 부모 가장이라 입원부터 퇴원까지 함께해야 했다. 어린 자녀 양육은 하나부터 열까지 모든 것에 손이 간다. 10년이 지난 지금 그 어렸던 애가 고등학생이 됐다. 세월이 무색할 만큼 빨리

지나갔다. 지난 10년 동안 자녀를 홀로 양육하면서 겪은 힘든 경험은 내 인생을 통찰하게 했고 소중한 자산이 됐음을 자부한다.

한 부모 가장이 되어 홀로 많은 시간을 보냈다. 홀로 있음을 견뎌내기 위해 자연스럽게 책을 읽었다. 책은 내게 새로운 세계를 알게 해주는 데 큰 힘이 됐다. 독서는 책에서 제시한 것 하나만이라도 실천할 때 비로소 진가를 발휘한다. 독서의 힘은 실천하고 변하는 데 있다. 책을 1,000권 읽었다 하더라도 실천하지 않으면 소용이 없다. 그 분야를 직접 경험하지 않은 자가 강의를 하는 것도 다른 책에서 모은 지식을 전달하는 하나의 이론밖에 되지 않는다.

내 것이 되려면 그 분야에 대한 해박한 지식보다 지식의 토대 위에서 형성한 실전 경험이 더 중요하다. 진정한 지혜는 정보와 지식에서 오는 것보다 경험에서 오는 것이 더 많다. 그 어떤 이론보다 더 중요한 것은 많은 경험을 축적하는 것이다. 인생에서 반복되는 경험은 피해야 하지만 쓸데없는 경험은 하나도 없다. 40대 이전에 실패를 두려워하지 말고 다양한 경험을 하라는 이유도 여기에 있다. 살아오면서 수많은 경험은 인생에 연륜을 쌓게 해준다. 단지 경험이 무지에서 오지 않아야 한다. 지식이 겸비되어 직접 경험한 것이어야 한다.

'스노우폭스' 대표이자 최근《돈의 속성》을 펴낸 김승호 회장은 부자가 되는 많은 노하우를 갖고 있다. 사람들이 이분에게 열광하는 이유는 뭘까. 경험에서 우러난 지식을 전달하기 때문이다. 김승호 회장이 터득한 삶의 지혜는 우리가 살면서 경험한 것과 연결돼 비로소 지혜로 나타난다.

내가 스스로 경험하지 않은 것은 알아도 공허할 수 있다. 인생은 내가 몸으로 직접 부딪히고 느끼고 깨닫는 것이다. 삶의 연륜과 깊이는 경험에서 온다. 인생 후반기에도 내공을 유지하는 뼈대는 지식 습득을 멈추지 않아야 하며 그 지식을 토대로 경험을 꾸준히 축적하는 일이다.

"내가 이 나이에 무슨 이걸 한다고" 인생 후반기 삶의 의지를 꺾는 가장 불행한 말이다. 당당하게 도전하고 경험하는 것은 내가 살아있다는 증거다. 이론은 어디까지나 이론이다. 도전하는 삶, 실천하는 삶은 나이와 관계없다. 인생 후반기에도 다양한 경험을 축적해서 삶의 지혜로 연결하자.

나이 들어
떼쟁이 어린아이가
되지는 말자

부모님은 일평생 시골에서 농사만 지으며 생활하셨다. 내가 한 부모 가장이 된 이후 부모님은 오랜 시골생활을 청산하고 함께 살게 됐다. 부모님은 걱정했던 것보다 도시생활에 아주 적응을 잘했다. 아파트 경로당에 다니며 친구도 사귀었고 복지센터에서 개설하는 노래교실도 등록하며 활발하게 활동했다.

한번은 퇴근 후 집에 왔는데, 어머니는 밑도 끝도 없이 말 한마디하지 않고 기분이 언짢은 모습이었다. 무슨 이유인지 계속 물었더니 한참 만에 다음과 같이 얘기를 했다. "왜 명품 옷 하나 사주지 않느냐"는 것이 핵심이었다. 평생 명품 옷을 사 드린 적도 없었고 백화점에서 값비싼 옷을 사드린 적도 없었다. 시골에서 농사를 지으셨기에 그런 것은 전혀 모르고 지내셨던 분이었다. 평소 부모님은 명품 옷에 관심

도 없었고 일절 모르고 살았다. 그렇게 언짢은 표정을 지으셨던 이유
는 경로당 친구가 자식으로부터 선물 받은 명품 옷을 자랑했기 때문이
다. 2남 2녀 막내로 자라서 그런지 어머니에게 어리광과 투정을 많이
부렸다. 부모님에게 편하게 대한 면도 있었다. 나이가 들어가는 어머
니는 반대로 나에게 어린아이 같은 답답한 행보를 이어가고 있었다.

　또 한 번은 어머니께서 외식하면서 시샘을 낸 적도 있었다. 한마디
로 "손자는 맛있는 것 사주고, 나는(어머니) 무엇을 먹을 건지 물어보지
도 않는다" 즉, 내가 너무 무관심하다는 얘기였다. 마음은 충분히 이해
가 갔다. 하지만 한번 토라지면 당장 설득해서 기분이 풀어질 문제가
아니었다. 보통 며칠은 서먹한 상태로 생활했다. 한 부모 가장이 되고
어머니의 어린이 같은 생각과 행동이 지속해서 발생했다. 애들 챙겨주
랴, 가끔 어머니의 투정 아닌 투정을 받아주랴, 이중 삼중 고통이 따랐
다. 지금까지 살아오면서 투정하는 모습은 거의 없었는데 해가 갈수록
시샘이 심해졌다. 점점 더 어린애처럼 생각과 행동이 바뀌었다. 직장
동료에게 어머니 얘기를 했더니 이구동성으로 나이가 들면 부모님들
이 그런 행동을 한다고 했다.

　곰곰 생각해 보니 시샘이 많아지는 것을 부모님 탓으로만 돌릴 수
없었다. 어렵고 힘든 시대를 살아왔던 배경과 현재 상황이 만든 원인
도 있었다고 생각했다. 노후가 되면 무료하다. 외롭고 쓸쓸하다. 주된
일 없이 시간을 보내다 보니 자식 걱정, 집안일 생각으로 생각의 폭이
줄어들기 때문이다. 특히 어머니는 평생 농사일을 지으셨기 때문에 생
각과 마음이 정렬되지 않은 원인도 있었다.

부모님 세대는 집에서뿐만 아니라 친구나 이웃 주민 사이에도 사소한 일로 토라지는 일이 발생한다. 경로당에서 장기, 바둑, 화투 놀이를 하다가 토라지는 일도 있고, 정치 얘기를 화제로 하다 토라지는 등 다양한 형태로 발생한다. 지금 막 은퇴한 베이비부머 세대와 40, 50대는 이런 일이 일어나지 않도록 조심해야 한다. 인생 2막을 변화 없이 살아왔던 대로 살아간다면 육체적, 정신적 노화로 인해 사고방식, 행동이 편협해지기 쉽다. 먼저 사셨던 분들을 통해 적어도 이런 원인을 바로 알고 대처한다면 충분히 극복할 수 있는 문제다.

무엇보다 일이나 취미활동을 가져야 한다. 하루하루를 무료하게 보내지 않는 것이 중요하다. 무료한 시간에는 반드시 엉뚱한 생각이 침입한다. 감사한 생각이 아닌 부정적 생각이 들어온다. 반면 좋은 시간으로 혼자 지내는 방법도 있다. 자신을 돌아보고 묵상하고 침묵하는 시간이다. 이런 시간은 건설적이고 생산적인 시간이 된다. 평생 배우고 공부하는 습관도 중요하다. 공부한다는 것은 과거에 머물러 있지 않다는 뜻이다. 새로운 것을 습득하고, 새로운 생각을 주입함으로써 진취적이고 개방적인 사고로 바꿀 수 있다.

이화여대 명예교수이자 50년간 정신과 의사로 살아온 이근후 박사는 최근《나는 죽을 때까지 재미있게 살고 싶다》책을 집필했는데, 3대 가족 13명이 한 집안에서 살고 있어 화제가 됐다. 이 책을 통해 저자의 생활방식과 행동을 알 수 있다. 이분의 삶에는 꼰대도 없고, 시샘도 없어 보인다. 그는 지금도 여전히 하는 일이 있다. 30년 넘게 해외봉사활동을 하고 있다. 한쪽 눈이 실명됐고 합병증이 와 있어도 늘 감사한 생각을 한다. 며느리, 자식, 손자들과 싸우는 일이 없다. 늘 열린 마음이다. 이근후 박사처럼 자기 일을 갖고 주도적으로 생활하는 '액티브 시니어'들에게는 어린아이처럼 생각하거나 행동하는 것은 없을 것이다.

인생 후반기는 진취적으로 생활하는 것이 중요하다. 어떤 생각을 하느냐, 어떤 사고를 가지느냐에 따라 달라진다. 배움을 통해 자기보다 젊은 사람과 소통하고 공감대를 확대해 나가야 한다.

배움을 멈추면
"라떼는 말이야~"
꼰대가 된다

일코, 머글, 존귀, 덕밍아웃, 창럴푸드, 혜자푸드라는 말을 들어본 적이 있는가? 90년생들 이후 세대들이 표현하는 무수한 은어들 중 하나다. 임홍택이 펴낸 《90년생이 온다》를 읽으면 90년생 이후 세대들의 생각, 소비 등 전반적인 상황을 이해할 수 있다. 90년생은 사회 주류층으로 부각되고 소비층으로 형성되고 있다. 이들을 모른다면 사업 성공도 어렵고, 리더로서 조직 관리도 어렵다는 말을 하고 있다. 결코 틀린 말이 아니다. 내가 근무하는 회사조직에도 신세대로 급격한 세대 교체가 이루어지고 있기 때문이다.

우리나라 세대 구분은 크게 6.25 전쟁 이전 세대, 이후 세대로 구분한다. 요즘은 베이비부머 세대(1955~1964), X세대(1969~1979), 밀레니얼 세대(1984~1999), Z세대(2000~2009)의 네 단계로 구분한다. 밀레니얼 세대에 있는 90년생은 또 다른 소비 트렌드를 형성하는 층이 된다.

이들이 주로 사용하는 용어 중에서 꼰대가 나온다. 사전에서 꼰대는 은어로, '늙은이'를 이르는 말, '꼰대질'은 기성세대가 자신의 경험을 일반화해 젊은 사람들에게 어떤 생각이나 행동방식 따위를 일방적으로 강요하게 이르는 말이다.

나이가 든다고 다 꼰대가 되는 것은 아니다. 배움을 멈추면 누구든지 꼰대가 되기 쉽다. 생각이 고착되고 고정관념이 생겨 타인의 생각을 전혀 이해하지 못하는 경우가 생기기 때문이다. 연령 비율로 보면 나이 많은 사람이 꼰대가 될 확률이 높지만, 요즘은 젊은 꼰대라는 용어도 등장했다. 386 꼰대. X세대 꼰대, 심지어 20대 어린 꼰대도 있다. 이들은 상대적으로 젊은 척, 쿨한 척하며 꼰대질을 한다. 이러한 원인은 부모세대, 우리 사회의 수직적 서열, 조직문화로부터 받은 영향이 크다. 나이가 서열이 되고, 군대, 학교 선후배가 사회생활에 큰 영향을 주기 때문이다. '내가 왕년에는~', '내가 너희 나이 때는~', '내가 그 나이였으면~', '내가 입사했을 때는~' 하며 회사동료 또는 선후배와 술잔을 기울이다 보면 이 같은 문장으로 온갖 무용담이 오간다. 나이와 먼저 시작한 것이 모든 것에 우선되는 사회문화다.

내가 92년 입사할 당시는 직장상사가 하늘같이 높았다. 상명하복 분위기였다. 요즘 시대 꼰대가 되지 않으려면 이러한 관행부터 바꿔야 한다. 수직적 리더십보다 수평적 리더십이 통한다. 내가 근무하는 조직에서 과거 사고에 머물러 팀 조직을 관리한다면 꼰대 소리를 듣기 쉽다. 사고의 틀을 유연하게 해야 한다. 본인이 알고 있는 지식이나 정보를 일방적으로 강요하는 행위는 지양해야 한다.

한 부모 가장이 된 후 가족 구성원 간의 유대관계를 높이기 위해 한동안 가족회의를 한 적이 있었다. 주말마다 두 아들과 친목을 다지고 애들의 정신적 성장을 돕기 위해 한 것이었다. 편하고 자유롭게 얘기하자는 취지였지만 나도 모르게 훈육하는 형태로 바뀌었다. 피자, 통닭 등을 시켜 먹으며 분위기를 반전시키려 했으나 아이들이 싫증을 느끼는 것을 알게 되어 중단했다. 아무리 좋은 취지로 진행한다 해도 수직적인 강요로 받아들이는 상황이 되면 꼰대가 될 수 있다.

'나이는 숫자에 불과하다'는 얘기가 있다. 이 말에는 양면성이 내포돼있다. 나이가 든 사람이 무엇이든 배운다는 입장에서 본다면 좋은 뜻이다. 하지만 젊은 세대에게 우위를 확보하기 위해 나이를 팔아먹을 때가 있다. 나이 적은 후배가 자신에게 깍듯이 존대하지 않으면 기분 상해 한다. 자기보다 어린 상사와 일하는 것을 불편해한다. 꼰대가 되지 않기 위해서는 스스로 쌓아온 나이의 힘을 버려야 한다.

대한민국 정신과 의사 이시형 박사는 "나이가 들었다고 어디서든 대접을 받고자 하는 것은 스스로 미운 몇 살로 만드는 지름길이다"라고 말했다. 이 분은 나이 대접을 받는다는 생각을 하지 않는다. 그래서 더 존경스럽다.

전 삼성전자종합기술원 회장이었던 권오현은 1952년생이다. 1992년 삼성전자에 입사 후, 한때 후배를 8년 동안 상사로 모시고 근무했다. 그는 어려운 조건 속에서 세상 이치를 깨닫고 많은 것을 배울 수 있었다고 했다. 애벌레에서 나비가 되듯 끊임없이 변신했다. 매년

70~100권의 책을 읽었고 인내심과 주인의식을 갖고 혁신했다. 그가 집필한 책《초격차》에 언급된 내용이다. 이런 분에게 꼰대는 있을 수 없다.

과연 내가 80세가 돼도 꼰대가 되지 않을 자신이 있는가. 스스로에게 물어보자. 이시형 박사, 권오현 전 회장처럼 꼰대가 되지 않으려면 무엇이 필요한가. 취미생활과 일이 있어야 한다. 감사한 마음을 가져야 한다. 고정관념을 깨야 한다. 사고의 유연성을 키워 나가야 한다. 나이 들었다고 대접 받는다는 생각을 버려야 한다. 관행처럼 답습되어 온 수직적 조직문화, 굳어진 사회관습이나 문화에서 탈피 하는 것이다. 이것을 아우르기 위해 평생공부를 해야 한다. 그래서《요즘 애들 요즘 어른들》을 집필한 김용섭 작가는 "공부하지 않는 자, 꼰대가 된다"고 했다.

분노조절 장애의
가장 큰 피해자는
바로 자신

인간은 감정의 동물이다. 슬플 때 울고, 기쁠 때 웃고, 기분이 안 좋을 때 화내고, 즐거울 때 즐거움을 표현한다. 희로애락 중 가장 조절하기 어려운 것 중 하나가 화냄, 분노다. 인간이 저지르는 대부분 사건은 분노조절을 못한 것에 원인이 있다. 분노는 마치 불꽃과 같다. 하지만 모든 분노에는 반드시 원인이 있다. 그 어떤 원인이든 간에 분노는 참아야 한다. 참지 못하면 분노가 자신을 죽일 수도 있다.

"분노는 다른 사람에게도 피해를 주지만 분노를 드러낸 당사자에게는 더 큰 피해를 준다."
– 톨스토이

"분노는 일시의 광기다. 네가 분노를 억제하지 않으면 분노가 너를 제압하리라."
— 호라티우스

"가능할지 모르겠지만, 판사님 제가 그녀를 조금 안아볼 수 있을까요?" 2019년 텍사스 주 댈러스 지방법원. 자기 형을 총으로 죽인 여성 경찰관에게 동생이 한 말이다. 그리고 그는 법정을 향해 말했다. "당신이 진정으로 뉘우친다면 용서하겠다고 스스로 다짐할 수 있다. 우리 가족을 대표해서는 아니지만, 당신을 다른 누구와 마찬가지로 사랑한다"라고 말하면서 살인자를 용서했다. 2019년에 미국 전역을 뜨겁게 달군 뉴스였다. 자기 가족을 죽인 자에게 분노하지 않고 어떻게 용서할 수 있었을까. 대부분의 사람들은 분노하며 절대 용서하지 않을 것이다. 한편으로 사람을 죽인 자를 용서하는 것을 보며 세상에 용서하지 못할 것은 없다는 생각도 들었다.

하지만 용서한다는 것은 대단히 쉬운 문제는 아니다. 정호승 시인은 그의 산문집 《내 인생에 용기가 되어준 한마디》에서 "용서는 신의 몫이다"라며 용서가 어렵다는 것을 꼬집었다. 그런데도 어떤 이유를 불문하고 "용서를 해야 한다", "남을 용서하지 못하면 내 가슴에 총알이 박혀 있는 것과 같다"고 했다. 정호승 시인이 얘기한 강력한 메시지 덕분에 분노하기보다는 이해하고 용서하는 마음을 다질 수 있었다. 분노하면 결국 자신이 최대 피해자가 된다. 지금까지 분노로 인생을 꼬이게 한 적도 많았다. 하지만 분노를 조절함으로써 성장도 시켰다. 내 삶의 중심에는 어떤 이유이든 간에 '절대 분노하지 않겠다'라는 것이 마음속에 자리 잡았다.

　나는 어릴 때 형님과 부모님으로부터 매를 맞으며 성장했다. 나의 성장환경은 고스란히 자녀에게 영향을 미쳤다. 체벌은 화냄과 분노로 연결되는 경우가 많았다. 대부분 책에는 "자녀에게 체벌로 교육하지 마라", "대화로 풀어가는 것이 좋다"며 다양한 방법을 제시하고 있다. 하지만 실천은 어려웠다. 대화하다가 말이 통하지 않으면 회초리를 들었다. 책장 구석에는 늘 회초리가 놓여 있었다. 자녀에게 제일 많이 하는 말이 공부, 숙제, 정리정돈, 학원 등이다. 결국 부모 기준에 맞지 않으면 회초리를 대거나 큰 소리로 제압했다. 하지만 아이가 중학생이 되면서 이 방법은 통하지 않게 됐다. 사춘기가 왔기 때문이다.

　형과 동생이 서로 다투다가 물건을 집어 던지고 기물을 파손하는 일도 발생했다. 신혼시절 부부싸움을 할 때 물건을 딱 한 번 던졌던 기억이 생각났다. 자녀 행동이 부모에게 되물림된다는 생각이 불현듯 스쳐 갔다. 내 안에 화내고, 큰소리치고, 분노하는 잘못된 자녀 교육방식이 있다는 것을 깊이 생각했다. 한번은 아이가 피시방을 자주 가는 것이 발단돼 다투다가 분노로 발전해 가출한 적도 있었다. 모든 것은 사소한 것이 발단이 된다. 시간이 지나면 아무것도 아닌데 목숨 걸듯 따지고 또 따진다. 아들은 아버지 약을 바짝 올린다. 아버지는 이런 페이스에 말려들기 쉽다.

　《마음을 아는 자가 이긴다》를 집필한 김상임 작가는 "화를 내면 하수고, 화가 났다고 얘기하면 고수다"라고 했다. 만약 자녀와 다투다가 분노로 표출되면 자녀의 정신연령과 똑같아진다는 사실을 깨닫게 됐다.

이 세 가지는 두 아들을 양육하며 만든 가족목표였다. 크게 프린트해서 방 문 앞과 집안에서 잘 보이는 곳에 붙여 놓았다. 분노조절은 다른 두 가지보다 최우선 목표다. 분노가 표출된다면 인격형성에도 영향을 미치기 때문이다. 분노는 그 어떤 이유에서든지 정당화되지 않는다. 분노하기 전에 자녀의 행동특성을 이해해야 한다. 상대를 배려하고 생각하는 마음가짐은 분노를 진정시키는 효과가 있다.

'참을 인자 셋이면 살인도 피한다'는 말이 있다. 분노는 가슴에 담아 두어서는 안 된다. 분노를 녹이기 위해서는 평소 감사하고 사랑하는 마음을 갖는 것이 필요하다. 사랑은 마음에서 진정으로 돋아나야 한다. 아내를 사별 후 어린 애들를 보면서 생각한 것은 '자녀를 사랑으로 키워야겠다'라고 매일 되뇌었다. 매일 되뇌다 보면 자기 효능감이 발생한다. 화를 내고, 분노조절을 하지 못했을 때 앞으로 예측되는 일을 생각했다.

인생에서 가장 중요한 목표 가운데 하나가 이웃과 가족으로부터 사랑받는 사람이 되는 것이다. 감사하고 사랑하는 마음을 간직한다면 분노를 조절해주는 데 큰 효과가 있다. 분노조절이 되면 인생 후반기가 더 아름답고 행복해진다.

분노조절을 위한 또 하나의 방법은 명상이다. 명상은 마음을 다스리는 최상의 도구다. 감사와 사랑하는 마음을 명상을 통해 발현한다면 분노는 마음에서 용해될 것이다.

언제나 나를
반갑게 맞이할
친구 세 사람을 만들자

등 쪽에 축축함이 전해져 잠에서 깼다. 텐트를 칠 때 주변으로 배수로를 만들지 않아서 물이 차올랐다. 시간을 보니 자정이 넘었고 폭우가 쏟아지고 있었다. 배수로를 만들지 않으면 텐트가 떠내려갈 것 같았다. 삽으로 배수로를 만들었다. 옷은 홀딱 젖었고 잠 한숨 자지 못했다. 대학교 다닐 때 친구들과 지리산으로 등산을 간 적이 있었다. 그당시 뱀사골 산장 근처에 텐트를 치고 잘 때의 일이다. 지금도 그때 위태롭던 장면이 생생하다. 대학교 때 등산을 갔었던 친구 네 명은 지금도 매년 만나고 있다.

학교 다닐 때는 친하게 지내던 친구들이 많이 있었다. 같이 영화도 보고, 여행도 가고, 때로는 짓궂은 행동도 하며 서로에게 즐거움을 줬다. 고등학교 다닐 때다. 한번은 수박밭에 들어가서 수박서리를 하려다가 주인에게 들켜 수박밭 전체를 배상할 뻔한 적도 있었다. 누구든지 학창시절은 친구와의 소중한 추억들이 기억의 한 페이지에 저장돼 있다.

학창시절에 만났던 친구는 사회생활을 하면서 인연을 맺은 친구와는 조금 다르다. 학교라는 울타리 안에서 끈끈한 우정을 맺고 추억을 나누며 서로 도움을 주고 위로해주는 존재다. 오랜 시간 인연이 지속된 것은 맞지만, 그들이 인생의 진정한 친구가 된다는 것은 별개의 문제다. 사회생활을 할 때 만난 친구는 모름지기 하나의 목적과 취향 등에 따라 인연이 된 경우가 많다. 그것이 종교생활이든 취미생활이든 각종 모임 등 어떤 형태로 만나든 간에 학교에서 만난 인연과는 조금 다른 성격이 있다. 사회생활을 하면서 만난 친구는 구심점이 약하다. 만약 이해관계로 충돌이 잦아진다면 쉽게 단절된다. 만나는 목적 자체가 약해지거나 사라진다면 자연스럽게 만남도 줄어든다.

사회생활을 하며 만난 사람들은 인연에 유효기간이 있다. 한때 나는 검도, 스킨스쿠버, 스키, 디스크골프, 사진출사 등 다양한 취미활동을 했다. 이때 호형호제하거나 친구처럼 만났던 사람들이 많았다. 하지만 취미활동을 중단하자 그들과의 만남도 자연적으로 멀어지게 됐다. 취미활동 말고도 배움, 행사 등 특정 목적을 통해 인연을 맺은 경우도 평생을 함께하기는 어렵다.

친구는 한자로 '친하게(親) 예전부터(舊) 사귄 사람'을 말한다. 학교에서 만났든 사회생활을 하며 만났든 모름지기 친구는 오랫동안 우정을 나눌 수 있는 존재가 돼야 한다. 더 중요한 것은 앞으로 살아갈 날을 위해 그런 친구를 만드는 것이 중요하다. 정호승 시인은 친구를 일컬어 '내 뼈를 묻어줄 사람, 내 관머리를 잡아줄 사람'으로 표현했다. 친구의 진정한 의미를 나타내는 말이다. 친구는 죽을 때까지 내 인생의 동반자라는 뜻이다.

"힘이 들 때 도와주는 친구가 진정한 친구다" 누구나 알고 있는 당연한 말이다. 그런데 진정한 친구를 찾기는 점점 어려워지고 있다. 시대가 변했고 환경이 달라지고 있기 때문이다. SNS로 소통하면서 사회 문화가 개인주의 성향이 더 강해지고 있다, 과거처럼 끈끈한 우정도 영화에서나 볼 만큼 찾아보기가 어렵다. 또한, 친구지간에 금전 거래는 하지 않아야 한다. 돈이 개입되면 가까운 친구도 멀어진다는 것을 너무나 많이 봐왔기 때문이다.

인생 2막을 준비하면서 친구란 서로 생산적인 존재로 도움을 주고받는 관계가 되면 좋은 것 같다. 그런 의미에서 평생 배움 또는 취미활동을 기반으로 한 만남을 통해 친구를 만든다면 오랫동안 지속할 것이다. 이웃사촌도 자주 만나지 않으면 옆집 이웃보다 못하다는 얘기가 있듯이, 친구도 자주 소통하며 지내야만 우애 관계를 높일 수 있다. 그냥 막연히 아는 오래된 친구는 고목나무에 불과할 뿐이다. 고목나무에는 열매가 잘 맺히지 않는다. 인생에서 만나는 사람도 오래된 인연은 아주 소중한 존재지만, 자주 만나지 않고 소통하지 않으면 의미가 퇴색된다. 인생 후반기에 힘이 되는 친구, 소중한 친구를 만나자. 학교 동창이든 그 어떤 형태든 삶의 행복과 에너지를 주는 친구와 만남이 지속돼야 한다. 서로를 위로해주고 공감해주는 힘과 용기를 주는 사람이 되는 것이다. 인생 2막에 친구는 또래 나이보다 같은 사고와 성향이 더 중요하다. 앞으로는 디지털을 소비하는 트렌드가 일상화되기 때문이다.

알고 지내는 분 중에 70세가 되시는 분이 있다. 전화도 자주 하고, 1주일에 한 번 정도는 만난다. 이분은 최근 출판사와 책 출판계약도 했다. 배움과 생각, 행동에 열정이 있다. 그분을 만나면 에너지를 받고 배울 것이 많아서 좋다. 나이는 숫자일 뿐이라는 것을 먼저 증명하고 있다.

인생 후반기에 말동무가 되는 친구가 필요한 것은 사실이다. 그러나 앞으로는 순수한 말동무를 넘어 서로에게 힘과 용기를 주고 위안을 받는 사람을 많이 만나야 한다. 그러기 위해서는 나를 가꾸고 계발해야 한다. 또 먼저 자신을 낮추는 하심이 있어야 하며 베풀며 다가가야 한다.

100세 시대
취미생활과 공부는
이제 필수다

'살아있다'를 택할 것이냐
'살아간다'를 택할 것이냐

베이비 붐 시대 은퇴자가 우리 사회의 새로운 이슈로 주목받고 있다. 우리나라 경제 부흥에 견인차 역할을 한 세대이자 자녀들에게는 헌신적인 투자로 재정에서 여유롭지 않은 세대다. 현직에서 은퇴한 이들은 과연 제2의 인생을 어떻게 살아갈까.

2019년 서울대 트렌드분석센터에서 '퇴직자 700명 리서치 보고서'를 발표했다. 퇴직 후 라이프스타일을 워커홀릭형, 꽃보다집형, 재학생형, 핵인싸형, 청산별곡형 다섯 가지로 분류했다. 이중 가장 높은 비율은 워커홀릭형으로 30%였고, 꽃보다집형이 22%로 그다음 순서로 높게 나타났다. 앞으로 인생 2막 트렌드는 은퇴 없이 평생 일하며 내 인생을 찾는 것을 선호하는 추세임이 분명하다. 과거에는 퇴직 후 전원생활을 동경하는 것이 로망이었지만 전원에서 조용히 사는 청산

4장 | 100세 시대 취미생활과 공부는 이제 필수다

별곡형이 9%로, 다섯 가지 유형 중에서 가장 낮게 나왔다. 전원생활은 인생 2막에 선호 대상이 아니라 호응도가 낮아지고 있다.

살면서 일은 대단히 중요한 문제다. 인생 전반기가 생계를 유지해주는 연결고리 역할을 했다면, 인생 후반기의 일은 재정적인 수단보다 사회생활과 건강을 유지해주는 강력한 역할을 한다. 우리나라 정신건강 의사 이시형 박사는 "나는 죽을 때까지 은퇴는 없다. 은퇴는 인생에서 최악의 선택이다"라고 하며 다음과 같이 제안했다. 그는 '공부→취업→은퇴'가 아닌 '공부→취업→공부→취업'이 반복되는 사이클을 만들어 평생 현역으로 일할 수 있는 시스템을 스스로 구축해야 한다고 했다. 그의 나이도 86세를 넘겼다. 그럼에도 지금도 집필활동을 통해 책을 출간하며 왕성한 강연활동을 하고 있다. 팝의 거인 퀸시 존스는 1933년생임에도 불구하고 2018년 15년 만의 신작 '큐 소울 보사 노스트라(Q Soul Bossa Nostra)'를 발표하는 등 열정적인 활동을 이어나가고 있다. 2019년 한국을 방문했을 당시 그 역시도 "내 사전에 은퇴는 없다"라는 말을 했다.

2019년 통계청에서 발표한 65세 이상 인구는 768만 명으로, 전체 인구 중 14.9%를 차지한다. 그중 취업자는 2,311명으로 30.1%를 차지한다. 취업 비중도 단순노무종사자(35.4%), 농림어법숙련종사자(24.1%) 순으로 높게 나타났다. 통계청 자료에도 65~79세까지만 통계자료가 있고 80세 이후 경제활동 인구는 아예 없다. 의료기술, 과학기술 발달과 웰빙 문화가 확대되면서 평균수명이 80세를 넘어섰고 100세 시대가 펼쳐지고 있는데도 말이다.

작년 7월 패션 잡지 '보그 코리아'는 전남 지역 시골에 사는 100세 전후 8명의 할머니 모습을 촬영해 9월호 화보에 실은 적이 있다. 100세가 일상화되는 좋은 사례라 할 수 있다.

나는 이 책을 쓰면서 80세 이후의 삶을 주목했다. 80세 이후에도 여전히 건강하고 뭐든 할 수 있다면 여생을 일없이 보내지 않아야 한다고 생각한다. 인생 후반기는 크게 보아서 80세 이전의 삶과 80세 이후의 삶으로 구분할 수 있다. 79세까지가 후반기 중 전반기 삶이라면 80세 이후는 웰빙, 웰다이를 준비하는 또 다른 시작이 돼야 한다. 통계청은 앞으로 80세 이후의 경제활동 인구도 통계자료에 꼭 도입했으면 한다.

한때 인생 전반기에 대기업 간부, 공공기관장 등으로 호시절을 보냈다 할지라도 그들의 인생 2막이 잘된다는 보장은 없다. 이들이 퇴직 준비를 소홀히 한다면 쓸쓸한 노후로 전락하는 것은 시간문제다. 특히 80세 이후 삶에서도 무엇을 하며 어떻게 살 것인지 진지하게 고민해야 한다. 나는 그 중심에 일이 있어야 한다고 생각한다. 그 일은 단순한 취미생활이 아니라 노동의 대가를 통해 돈을 받는 일을 말한다.

공무원, 공기업 등 상대적으로 안정적인 직장에 근무하는 자가 퇴직할 경우 더욱 위험하다. 안정적인 조직의 우물 안에 있으면 준비가 소홀하기 마련이다. 퇴직을 미리 준비하는 사람도 있고 그냥 준비 없이 퇴직하는 사람도 많다. 어떤 유형이든 퇴직 후 가장 오래 직장생활을 하더라도 10년 정도밖에 일하지 않는다. 그 이후는 주된 일이 없이 여생을 보내는 경우가 대부분이다. 실제 내가 다니는 조직에서 퇴직을

1년 앞둔 분들을 대상으로 인터뷰를 했더니 80세 이후의 삶에 대해 별 다른 고민을 하지 않고 있는 사람이 대부분이었다.

삼성전자 종합기술원 회장을 역임한 권오현 회장은 ≪초격차≫에서 '번데기가 나방으로 변신하지 않으면 비대해져 새의 먹잇감이 된다'라고 하며 변신을 강조했다. 기업이 변신하지 않거나 혁신하지 않으면 성장하지 않고 결국 도산하듯이 개인도 기업과 비슷하다. 변화하는 환경에 적응해 살아 남기 위해 변신해야 한다. 그렇게 하지 않으면 개인도 혁신하고 변신하지 않는 기업과 운명을 같이한다. 인생 2막을 준비하면서 변화와 혁신을 회피하는 고정관념이 있다면 없애야 한다. 앞으로도 평생 일을 해야 한다는 사고방식을 장착하는 것이다. 그러기 위해 배움에서 변화와 혁신을 찾아야 한다. 은퇴하지 않는 평생 직업을 가지기 위해 배움을 통한 자기변화와 혁신이 필요하다. 이것을 토대로 평생 일거리를 만드는 것이다.

배움에 강점을 가진 분들이 많이 있다. 그런 강점이 없더라도 꾸준하게 공부하고 노력한다면 얼마든지 일감을 찾아낸다. 최근 유튜브 구독자 수 100만 명을 목표로 유튜브 채널을 개설한 지인이 있다. 유튜브뿐만 아니라, 인스타그램, 블로그 활동도 활발하게 하고 있다. 이 분은 끊임없이 배운다. "블로그 교육 하나 받아 보실래요? 전 이번에 등록할 건데 같이하시겠어요?"라고 내가 물으면 곧바로 등록한다. 배움을 마다하는 일이 없다. 인생 후반기의 배움은 자신이 구축하는 삶의 뼈대를 더욱 견고하게 해준다.

퇴직 후에도 '살아있다'는 마음가짐을 가지면 인생을 수동형으로

사는 것이다. 반면 '살아간다'라는 생각을 하는 사람들은 삶을 능동적
으로 사는 것이다. '살아있다'와 '살아간다'는 의미가 완전히 다르다.

"우리는 성장할 뿐 늙지 않는다. 성장을 멈출 때 비로소 늙게 된다."

– 랠프 월도 에머슨

"인생의 전반부가 강요받는 것이었다면 후반부는 선택하는 것이다."

– 쇼쉐너 주버프

인생 2막 재취업 준비는
아무리 늦어도
50대에 시작하라

"막상 나가서 뭘 하려고 해도 할 것이 없다" 퇴직을 앞둔 어느 부서장이 한 말이다. 평생 한 조직에 몸담다 보면 생각의 근육은 약해진다. '이제 이 나이에 뭐 하겠어'라고 생각하는 사람이 있는 반면, '나가면 뭐든지 할 것이 있겠지'라고 생각하는 사람도 있다. 퇴직 전에 적극적이지 못한 생각들은 퇴직 후에는 더욱 위축되기 쉽다. 그래서 인생 2막 일거리 준비는 40대에, 늦어도 50대부터는 해야 한다. 생각의 근육은 하루아침에 생기지 않기 때문이다.

50대에 하고 싶은 것이 있다면 배워 보자. 막연하게 생각한 것들이 있다면 구체화해야 한다. 하고 싶은 것은 한 가지보다는 다양하게 배우는 것이 중요하다. 배워서 남 주는 것이 없다. 당장 쓸모가 없더라도 나중에는 배운 것들이 연결돼 삶의 좋은 재료로 쓰인다. 10년 이상 카페를 운영한 지인이 있다. 그는 50대 초반임에도 우리나라 전통악기인 장구도 배우고 사주명리학도 배운다. "저 사람에게 저런 재주도 있었어? 전혀 몰랐는데, 대단하다!" 뭐든지 배워두면 상대방으로부터 이런 감탄을 듣게 된다. 새롭게 뭔가 배운다는 것은 내가 관심이 있는 것이더라도 당장 시작하려고 하면 망설여진다. 하지만 어떤 방식이든 배움을 찾아 지속하게 된다면 즐거움과 성취의 보람도 있다.

배움에서 빠지지 않아야 할 부분이 SNS다. 요즘은 온라인으로 모든 업무와 생활이 가능할 정도로 초고속 인터넷 시대에 살고 있다. 대형마트, 백화점, 아울렛 등 오프라인 매장의 매출이 줄어들고, 온라인 쇼핑몰이 대세가 돼 가고 있다. 음식은 물론 모든 것은 온라인으로 거래하는 시대가 된 것이다. 유튜브, 패이스북, 밴드는 40, 50대분들도 많이 하고 있다. 하지만 인스타그램, 블로그, 유튜브 채널을 직접 개설해 활동하는 사람은 많이 없다. 그냥 단순하게 디지털 정보를 소비하는 형태의 삶을 살고 있다.

올해에 인스타그램, 블로그 수업을 배울 때의 일이다. "대표님! 사진을 너무 잘 찍는 것 같아요" 평소 단톡방에 올린 내 사진을 유심히 봐왔던 강사가 "인스타그램 계정을 하나 더 추가하면 어떨까요?"라는 제안을 했다. 그래서 사진 계정 하나를 더 만들었다. 계정 내용에 '촬영 문의는 언제든지 DM으로 남겨주세요'라는 내용을 포함시켰다. 사진 실력이 좋으면 온라인을 통해 사진을 찍어주고 대가를 받는 분들이 있다는 것을 처음 알았다. 사진 계정을 체계적으로 잘 운영한다면 부가적인 수입을 창출할 수 있다. 인생 2막 취미와 직업을 연결할 수 있다고 생각한 분야다.

　나는 최근에 블로그 이웃 수 1,500명을 달성했다. 2019년에는 여행과 일상 생활을 소재로 한 유튜브 채널도 만들었다. 동영상 편집 프로그램 다루는 수업도 받았다. 평소 여행을 좋아하던 터라 아프리카 등 해외 오지여행을 하며 찍었던 동영상을 편집해 유튜브에 올렸다. 앞으로 유튜브 채널도 제대로 운영해 구독자 수를 1만 명 이상 확보한다는 계획이다. 인스타그램, 유튜브 채널 개설, 블로그 등 디지털 콘텐츠를 배워 놓는다면 수입 창출이 가능하다. 나이가 더 들기 전에 디지털 콘텐츠를 배워야 한다.

　요즘은 인생 2막에 디지털 노마드의 삶을 지향하는 사람들이 많이 늘어나는 추세에 있다. '노마드'는 프랑스어로 특정한 가치와 삶의 방식에 얽매이지 않고 끊임없이 자기 자신을 바꿔 나가며 창조적으로 사는 인간을 의미한다. 인생 2막에는 '디지털 노마드'의 마음가짐을 갖고 꾸준히 배우면서 활동하는 것이 중요하다.

　"잉카문명이 피어났던 곳 남미 페루 마추픽추를 가 보셨는지요. 나이가 더 들면 가기가 힘들어집니다. 저는 그동안 혼자 세계오지여행을 다녔던 다양한 경험이 있습니다. 함께하실 분 딱 네 분만 선착순으로 모집합니다" 퇴직 후 세계오지여행 컨설턴트로 함께 여행 갈 회원을 모집하는 장면을 상상해봤다. 나는 세계오지여행을 좋아한다. 50대부터 오지여행을 다니기 시작하면 얼마든지 퇴직 후 위와 같이 여행 컨설턴트 프로그램을 기획할 수 있다. 취미활동을 잘만 활용한다면 인생 2막 창업이 충분히 가능하다.

누구든 자기만이 해왔던 성과물들이 많이 있다. 지금까지 살면서 성취했던 것 100가지 리스트를 만들어 보자. 그리고 내가 하고 싶은 것 100가지 리스트로 만들어 보자. 이 중에 인생 2막을 함께할 일거리가 분명 있다. 인생 후반기는 내가 하고 싶은 것을 하며 살아야 한다. 그렇게 살기 위해 노력해야 한다.

마라톤, 조깅을 좋아하는 지인이 있다. 그는 최근 탁구를 배웠다. 만약 탁구가 정말로 즐겁다면 꾸준히 해서 시니어를 위한 탁구코치가 되는 것도 가능하다. 아주 유능하지 않아도 된다. 하지만 즐겨 하는 취미가 취미 자체로 끝나서는 안 된다. 취미활동을 인생 2막의 일과 연결할 수 있어야 한다.

인생 2막 준비를 위한 낚싯대를 늦어도 50대에는 던져야 한다. 낚싯대를 던져야 뭐든 잡을 수 있다. 다르게 말하면 실행하지 않으면 변할 수 없고 아무것도 얻을 수 없다. 세상에 공짜는 없다. 뿌린 대로 거둔다. 노력하고 준비하는 자에게 반드시 기회는 온다.

무의미한 시간을 줄여 생산적인 시간으로 활용하라

"시간은 금이다. 이 말에 여러분들은 동의하십니까. 저는 이 말이 맞기도 하고 아니기도 하다고 얘기하고 싶습니다. 시간을 잘못 쓰면 금이 아니라 똥이 될 수 있기 때문입니다. 여러분들에게 간단하지만, 또 하나의 깊은 질문 하나 드리겠습니다. 인생은 어떻게 살아가야 할까요?" 21살 젊은 청년이 온라인 줌 강의에서 한 말이었다.

50이 훌쩍 넘은 내가 이 청년의 강의를 듣고 충격을 받았다. 강의를 한 사람이 21살 청년이라고는 믿어지지 않았다. 오래 산다고 이런 생각을 가지는 것은 절대 아니다. 주변에는 세월 따라 나이만 먹는 사람들이 많기 때문이다. 시간은 금이지만 똥처럼 쓰는 사람이 얼마나 많을까. 시간은 금이란 걸 알지만 사람들은 왜 시간을 허비하며 살아가는 것일까.

헬라어에 시간을 의미하는 두 개의 단어가 있다. 하나는 '크로노스 (kronos) 시간'으로, 어쩔 수 없이 보내는 시간을 말한다. 자동차를 타고 가다가 길이 막혀 도로에서 허비하는 시간이 대표적인 크로노스 시간이다. 크로노스의 시간은 누구에게나 공평한 시간이다. 하지만 도로에서 정체해 있는 상황에서 영어공부, 전화 고객응대, 사업파트너 상담 등의 시간으로 활용한다면 어떨까. 이렇게 보내는 시간은 의미 있고 가치 있는 시간으로 변한다. 이런 시간을 통틀어 '카이로스(kairos) 시간'이라 한다.

'내가 오늘 헛되이 보낸 하루는 어제 죽은 이가 그토록 바라던 내일이다' 죽기 전 이런 후회하는 마음을 갖지 않으려면 하루하루 의미 있고 가치 있는 시간으로 잘 사용해야 할 것이다. 그러기 위해서는 시간이라는 관점을 정확히 이해하고 어떻게 시간을 활용해야 할지 늘 깨어있어야 한다.

시간을 잘못 소비할 때 흔히 물 쓰듯이 소비한다고 말한다. 시간은 크게 보면 양적인 시간과 질적인 시간으로 나눌 수 있다. 물리적인 시간을 하루 24시간으로 볼 때 이 세상 누구에게나 공평하게 주어진 시간이다. 하지만 같은 시간에 무엇을 하고 보내는가에 따라 시간의 가치는 완전히 달라진다. 시간은 물리적인 양이 중요한 것이 아니라 보낸 시간의 값어치가 더 중요하다. 결국 시간이라는 의미로 볼 때 오래 사는 것이 중요한 것이 아니라 값지고 보람있는 시간을 많이 보내는 것이 더 중요하다.

나는 새벽 시간과 아침 시간을 잘 활용하는 편이다. 거의 10년 동안 새벽 5시에 기상했었는데 책 쓰기를 하면서 새벽 4시에 일어나게 됐다. 그 시간에 주로 많이 하는 것이 운동, 영어공부, 독서 그리고 책을 쓴다. 작은 습관이 모여 성과가 나오고 인생이 성장한다. 우리가 가장 경계해야 할 것은 생각이 정체돼있고 하는 일 없이 시간을 보내는 삶이다. 법정스님은 "나이가 들어 늙은 것이 아니라 사고가 경직되고 창조적인 시간 없이 반복되는 삶을 살게 되면 인생이 녹이 슬고 늙어 간다"라고 했다.

살면서 누구나 한두 번쯤은 내가 원하지 않은 쓸데없는 곳에 시간을 허비하기도 한다. 그게 술이 될 수도 있고, 도박이 될 수도 있고, 아니면 먹고 노는 것일 수도 있다. 신이 아닌 사람이기 때문에 일탈을 한다. 살아오면서 잘못 소비한 시간으로 실패했을 수 있고 그것을 딛고 일어나면서 성장하기도 한다.

시간의 관점에서 볼 때 인생 전반기를 질풍노도처럼 살아왔다면 '인생 후반기를 과연 어떻게 살아야 할까' 스스로에게 질문을 던져보자. 무의미한 시간을 줄이고 가치 있는 시간, 생산적인 시간을 많이 갖는 것이 중요하다. 생산적인 시간이란 내가 보낸 시간이 나중에 경제적 자립 또는 인생을 가치 있게 보내는 데 도움이 되는 모든 활동을 포함한다. 집안에 전기 스위치, 콘센트가 고장 났다고 치자. 기술자를 부르면 출장비를 포함한 수리비가 든다. 반면 내가 직접 고치면 그 비용은 절약된다. 나는 전기 전공을 전혀 하지 않았지만, 학창 시절부터 전기 분야에 관심 있게 관찰하고 직접 해온 경험이 있다.

생산적인 시간은 내가 보내는 시간이 유무형으로 가치 있다는 것을 의미한다. 지금 시간이 무가치하게 느껴지는 것도 나중에 도움이 되는 시간이 있다. 이것은 생산적으로 보낸 가치 있는 시간이다. 이처럼 가끔은 생산적인 시간, 소비적인 시간을 칼로 자르듯 양분하기 어려울 때가 있다. 그럴 때는 사고의 유연성을 가지고 적절히 판단하는 것이 좋다.

생산적인 활동에는 이웃사랑, 봉사활동, 배움, 취미활동, 여행 등 다양한 시간활용 방법이 있다. 평소 해왔던 일이 무가치 하게 느껴지지 않는지, 내가 보낸 시간이 생산적인 것인지 아니면 소비적인 시간인지 스스로 자문해봐야 한다. 그 답은 스스로 찾아야 한다. 습관적으로 해온 것 중에 무의미한 시간이 있는지 스스로 점검해야 한다. 소비적인 시간을 줄이는 것이 중요하다. 시간 관리를 잘하기 위해 스케줄을 작성하면 좋다. 계획을 갖고 사는 사람과 없는 사람의 미래는 차이가 난다. 헛되이 보내는 시간이 적기 때문이다.

하루를 살아도 100년처럼 사는 사람이 있다. 100년을 살아도 하루하루를 헛되이 보낸다면 의미가 없다. 인생 후반기를 후회 없이 살기 위해서는 시간을 어떤 관점으로 바라보고 소비할 것인가를 늘 생각해야 한다. 50대부터라도 시간 관리를 잘하는 좋은 습관을 만들면 인생 2막을 살아가는 데 강력한 무기가 되기 때문이다.

생산적인 시간은 새로운 만남을 통해 많이 이루어진다. 소비적인 시간은 습관적으로 반복되는 만남을 통해 나올 확률이 높다. 인생을 나무에 비유하면 최근에 2~3년 된 가지에서 열매가 많이 나온다. 열매를 많이 맺기 위해 만남은 신선하고 떨림이 있어야 한다.

　　　　　　　4장 | 100세 시대 취미생활과 공부는 이제 필수다

작년 11월《그때 멈추지 않아서 다행이다》저자인 유복순 작가와 《관상경영학》의 저자인 김태연 작가를 만나 오랫동안 대화를 나눈 적이 있었다. 나는 이러한 떨림이 있는 만남을 좋아한다. 서로에게 영향력을 주고받으며 성장할 수 있기 때문이다.

지금 당장에는 생산적이고, 소비적인 것이 구분이 모호한 시간도 있다. 모호할 때는 그 시간을 긍정적으로 생각하는 것이 좋다. 획일적으로 시간을 쪼갤 수 없기 때문이다. 당장에 효과가 나오지 않는 것들이 있다. 그래서 관계를 맺고 약속을 거절할 때는 상대방이 오해를 받지 않게 얘기해야 한다.

평생 공부하는 마음은
늙지 않는 삶을
선물로 준다

"젊었을 때는 지식을 아는 것이고 나이 들어서는 단순한 지식을 뛰어넘어 인생을 풍요롭게 채우는 '지혜'를 익힌다고 할 수 있다."

－《50부터 시작하는 진짜 공부》

학창시절에는 대학교를 졸업하면 더 이상 배우지 않아도 된다는 무지한 생각을 한 적이 있었다. 공부하는 것이 그만큼 싫었다. 그리고 공부는 책상이나 특정한 장소에서 하는 것으로 생각했다. 공부라는 관점을 너무 무겁고 엄격하게 생각한 결과였다. 학교에서 배우는 공부는 의무감에서 했지 공부의 본질을 알고 한 것은 아니다. 흥미가 많았던 것도 아니다. 특히 영어는 제일 싫어하는 과목 중의 하나였다. 그런데 아이러니하게도 영어공부가 사회생활을 하면서 내 인생을 전환시키

고 성장시켰다. 내 삶의 일부는 영어 덕분에 지금 모습이 존재한다고
말해도 과언이 아니다.

"회사 재정 지원으로 온 가족이 1년 동안 미국 연수를 다녀왔다.
입사동기 중에서는 가장 빨리 진급했다. 심지어 입사 선배를 제치고
진급을 먼저 했다. 전국 지방공무원 영어스피치 본선대회 진출한 적도
있다. 2018년부터 매년 해외 오지여행을 혼자 다니고 있다" 이 모든
것은 영어공부를 꾸준히 해왔기 때문에 가능했다.

공무원에 임용된 이후 업무와 관련된 것 외에 거의 10년 동안 공부
를 하지 않았다. 1년에 책 한 권 겨우 읽을까 말까 할 정도였다. 그러
던 중 영어공부를 하게 된 결정적 계기가 있었다. 2003년 직원들과 호
주, 뉴질랜드 배낭여행을 갔을 때 일이다. 몇 개만 알아도 의사소통을
할 수 있는데 영어단어 하나를 알지 못해서 답답했던 기억을 잊을 수
없다. 그 이후 지금까지 매일 영어공부를 해오고 있다. 그때 평생 영어
공부를 할 수 있는 습관이 몸에 밴 거나 다름없다. 그 이면에는 꾸준한
동기부여와 성과 그리고 보상이 있었다. 동기부여, 보상의 핵심은 여
행이었다. 여행은 내 삶의 가장 강력한 에너지원이다. 앞으로도 여행
은 갈 계획이기에 평생 영어공부를 할 예정이다.

지금까지 지속한 영어공부를 통해 배움을 생각해봤다. 배움의 행
위는 일종의 버릇이며 긴 시간에 걸쳐 몸에 배는 습관에서 나온다. 배
우는 습관은 하루아침에 형성되는 것이 아니다. 배운다는 습관을 몸에
익히려면 늦어도 50대부터 준비해서 몸에 익혀야 한다.

워런 버핏과 빌 게이츠는 "좋은 습관을 몸에 익히는 것이 최고의

자산이다"라고 했다. 그만큼 습관이 인생에 성공을 가늠하는 잣대가 된다는 것을 의미한다. 좋은 습관 중에 지적학습 습관을 몸에 익히는 것이야말로 인생 2막에 가장 중요한 습관 중 하나가 될 것이다.

평생 공부하는 습관이 몸에 배면 나이가 들어도 시간을 능동적으로 사용할 수 있다. 나는 배움에 관한 열정이 남다르다. 작년에 인스타그램, 블로그 수업을 들었다. 매일 인스타그램에 피딩을 했다. 블로그에도 1일 1포스팅을 130일 넘게 해오고 했다. 책도 1주일에 한 권씩 읽고 독서 리뷰를 블로그에 올리고 있다. 온라인 줌 강의도 듣는다.

정호승 시인의《내 인생의 용기가 되어준 한마디》에 보면 배운다는 것은 우물에 눈을 켜다 붓듯이 하라고 했다. 배우면서 당장에 성과가 나오지 않더라고 꾸준히 하라는 얘기다. 배운다는 것은 배움 그 자체에 목적을 두면 좋다.

얼마 전 김상임 코치의 '나의 강점 발견' 수업을 들은 적이 있다. 나는 그가 말한 강점 다섯 가지 중에 배움 강점이 있다. 배운다는 것 자체는 삶을 성장시키는 촉매제다. 코로나19가 오프라인 교육을 막아 놓았다. 하지만 작년에 나는 온라인 교육 수강 등으로 투자한 돈이 천만 원을 훌쩍 넘겼다. '배움을 통해 지적자산을 축적해 놓으면 나이가 들어서 든든한 버팀목이 될 수 있다'는 말을 믿는다.

먼저 내가 배우기 원하는 것을 나열해 보면 좋다. 먹거리와 연결해서 배운다면 금상첨화다. '건강관리사'라는 자격증이 있다. 많은 사람이 최근에 부쩍 관심이 있는 자격증 중의 하나다. 배우고자 하는 마음만 있으면 배울 수 있는 여러 가지 방법이 있다. 가장 무난한 곳이 유튜브다. 배우는 분야에 자료가 없는 것이 없을 정도로 방대하다. 그다음은 대학교, 사회단체 등의 교육기관이다. 그곳에서 평생교육 강좌를 많이 개설하고 있다. 숲 해설가, 문화 해설사, 구연동화자격증, 정리수납전문가. 도시농업전문가, 정원관리사 등 다양한 분야의 강좌가 있다. 지적 호기심이야말로 배움의 불꽃을 사라지지 않게 하는 열쇠다. 이를 통해 뭐든지 배운다는 생각을 평생 간직하는 것이 중요하다.

"사람은 배우기를 멈출 때부터 늙기 시작합니다. 10대, 20대라도 배우지 않는다면 늙은이입니다. 그러나 80, 90대의 노인이라도 끊임없이 배우는 사람은 영원한 청춘입니다. 우리는 몸이 늙는 것보다 마음과 영혼이 늙는 것을 경계하고 두려워해야 합니다."

– 《인간은 배움이 멈출 때 늙는다》

늦은 것은 없다!
못 먹어도 GO!

"사람은 세월만으로 나이 들지 않는다. 변화와 성장을 포기하는 순간, 퇴화는 시작된다" 이시형 박사가 《행복한 독종》에서 한 말이다. 80세 이후 인생 2막의 삶을 가장 열정적으로 살아가는 분 중 한 분이 이시형 박사다. 그래서 이분을 나의 인생 롤모델로 정했다. 특히 80세 이후의 삶에 닮아가고 싶은 분이다. '나는 평생 그림에는 젬병이었다', '미술반이라는 곳은 나에게 금지구역이나 마찬가지였다' 평생 이런 생각을 하는 분이 80세에 그림을 배웠다. 그리고 전시회를 열었다. 이시형 박사의 삶에 대한 끝없는 도전은 '시작에 늦음은 없다'는 것을 명확하게 보여준다.

솔직히 나도 그림 그리는 재주는 없다. '도형을 그리고 어떤 사물을 그리는 것 자체가 나와는 거리가 멀다'라고 생각하며 살았다. 이시형 박사의 도전 정신을 보게 되면, 나도 나이 들어 도전 정신을 꼭 발휘해야겠다는 생각이 든다. 변화와 성장의 바닥에는 도전이라는 것이 자리 잡고 있다. 새로운 것에 도전을 멈추지 말라는 강력한 메시지를 알 수 있는 대목이다.

약 2년 전쯤 퇴직한 선배 동료분 중 한 분이 굴삭기를 배운다는 소식을 들었다. 지게차 운전도 배웠다고 했다. 퇴직 후 제주도에 정착해서 살며 직접 텃밭도 고르고 필요한 이웃분들에게 봉사하기 위해 배운다고 했다. 배우고 도전한다는 것은 그 자체로 의미가 있는 일이다. 도전은 그 결과에 관계없이 내가 삶을 주도적으로 살아가기 때문이다. 죽기 전 '껄껄' 하며 후회를 줄이려면 내가 하고 싶은 것은 최대한 해봐야 한다. 그래서 생전 한 번도 해보지 않았던 것에 도전해보기로 하고 버킷리스트를 적어봤다.

- *2030년까지 책 다섯 권 출간*
- *60세 전까지 매년 세계오지여행 하기*
- *퇴직 후 세계 유명도시에서 한 달 동안 살아보기*
- *철인 3종 경기 참가*
- *마라톤 풀코스 참가*

재작년 아프리카 여행에서 스카이다이빙을 하는 70세 여행자를 만났다. 그녀 이름은 '마샬'이다. 70세 나이임에도 불구하고 세계 130여 개국을 여행했다. 우리 여행팀에 합류하기 전 나미비아에서 스카이다이빙을 하고 왔다고 했다. 나는 평소 스카이다이빙을 많이 두렵다고 생각하고 있었다. 이분을 만나 얘기를 나눈 이후 마음이 바뀌었다. '70세 나이에도 불구하고 하는데 내가 못할 이유가 뭐가 있겠어', '그래 한번 도전해 보는 거야' 마음속에 이런 생각이 움트기 시작했다. 그리고 버킷리스트에 스카이다이빙에 도전하는 것을 추가시켰다.

작년 11월 70세 기업 회장이 직업 가수로 변신하여 화제가 된 바 있다. 연 매출 2,000억 원인 덕산하우징 김명환 회장이다. 그는 제28회 대한민국 문화연예대상에서 '성인가요부문 신인상'을 수상했다. "어린 시절부터 콧노래를 부르며 가수가 되겠다는 생각을 해왔었는데 그 꿈을 이루었다"고 수상소감을 얘기했다.

85세 국내 최고령의 나이로 2015년 철인3종에 참가한 김홍규씨의 사례도 있다. 그는 90세까지 도전을 멈추지 않는다는 포부를 가지고 있다. 언론에 보도된 이분의 도전 정신을 보면서 나이는 숫자에 불과하다는 것을 다시 깨닫게 됐다. 평소 꾸준히 연습하고 준비하면 안 되는 것이 없음을 보여준다.

2018년 생애 최초로 하프마라톤에 도전한 적이 있었다. 그동안 10km는 많이 뛰었다. 매일 아침 조깅을 해왔기 때문에 처음 도전한 하프마라톤이지만 1시간 40분대에 들어올 수 있었다. 작년엔 마라톤 풀코스에 도전하기로 선언했다. 코로나로 마라톤 대회가 대부분 취소돼 참가할 수 없었지만, 코로나가 종식돼 대회가 재개된다면 꼭 도전할 계획이다.

2000년 초에는 수영을 배웠다. 한동안 스킨스쿠버를 열심히 다닌 적도 있었다. 3년 전부터 수영을 다시 시작했다. 수영하면서 철인 3종에 관심이 생기기 시작했다. 수영 1.5km, 싸이클 40km, 마라톤 10km 올림픽 기본코스를 도전해 보기로 했다. 마라톤 풀코스 도전, 철인 3종 도전도 평소 관심 있게 생각해왔던 종목이다. 나이가 더 들기 전에 하지 않으면 나중에 반드시 후회할 거란 생각을 했기 때문이다. 평생 한 번도 해보지 않았던 일, 그냥 생각만 했던 일들이 있다면 수면 밖으로 끄집어내 보자. 실행력을 북돋워 주기 위해서는 내 주위 환경을 의도적으로 바꿔야 한다.

내가 만나는 사람이 나의 사고와 행동력에 큰 영향을 준다. 만약 아프리카 여행을 하지 않았다면 스카이다이빙 도전을 하겠다는 선언을 할 수 없었다. 삶을 열정적으로, 주도적으로 사는 분들을 자주 만나야 한다. 그분들을 통해 에너지를 주고받는다. 좋은 에너지를 가진 사람을 자주 만나면 그 에너지는 상승한다.

영 시니어로 살아갈 것인지, 세월 속에 평범하게 나이들 것인지는 본인 선택의 몫이다. 인생에 정답은 없다. 새로운 도전을 통해 내가 해보고 싶은 것을 성취하는 과정에 행복이 있다. 이것을 아는 자만이 누리는 특권이다.

하루라도
책을 읽지 않으면
늙는다

'하루라도 책을 읽지 않으면 입안에 가시가 생긴다' 와 같은 독서와 관련된 명언은 너무나 많이 있다. 책을 읽으면 좋은 것들이 있다는 것은 학창시절부터 귀에 딱지가 앉을 정도로 많이 들어왔다. 하지만 책을 거의 읽지 않았다. 왜냐하면 책 읽기 습관이 몸에 배어 있지 않았기 때문이다.

문화체육관광부가 조사한 '2019년 국민독서 실태조사 보고서'에 따르면, 종이책과 전자책을 합친 한국 성인들의 연간 평균독서량은 7.5권이다. 2년 전인 2017년 9.4권과 비교하면 '1.9권이 줄어들었다'고 한다. 그 주된 이유는 책 말고도 흥밋거리를 유발하는 다양한 콘텐츠들이 있기 때문이다. 대표적인 것이 유튜브. 책 읽기 귀찮은 독자를 위해 '책 읽어 주는 유튜브 채널'도 생겼다. 이처럼 유튜브에는 책

4장 | 100세 시대 취미생활과 공부는 이제 필수다

을 직접 읽지 않아도 독서 효과를 얻을 수 있는 많은 콘텐츠가 있다.

아무리 좋다고 해도 스스로 절체절명의 필요성을 느끼지 못하면 새로운 것을 실천하지 않는 것이 인간의 일반적 습성이다. 한번 익숙해진 습관에서 불편하게 느껴지는 새로운 것을 몸에 익히는 것은 여간 어려운 것이 아니다. 특히 독서습관은 더더욱 어렵다.

한 부모 가장이 되기 전까지 나는 1년에 책 한 권을 겨우 읽었을 정도였다. 책만 읽기 시작하면 잠이 올 정도로 활자체에 대한 알레르기 증상처럼 거부감이 있었다. 심지어 관심 있는 책을 사더라도 석 달이 지나도 거의 못 읽었을 정도였다. 책을 읽다가 중간쯤에서 더 이상 읽지 않는 책도 많이 있었다. 책장에 있는 책은 거의 전시용 내지는 손가락으로 헤아릴 수 있을 정도로 빈약했다. 책을 돈 주고 사서 보는 것은 아깝다는 고정관념에 사로잡혀 있었다.

반면에 집사람은 책을 많이 읽었다. 책장에 있는 대부분 책은 집사람이 읽은 책이었다. 집사람은 소설류 등을 좋아했다. 태백산맥, 아리랑, 김진명 장편소설 등이었고, 거실 벽 한쪽 책장이 가득 채워질 정도로 책이 많았다. 집안에 책이 많이 있었는데도 나는 책을 읽지 않았다. 책 읽는 것보다 스키, 스킨스쿠버다이빙 등 다른 즐길 거리에 관심이 많았기 때문이다.

그런데 2010년 집사람 사별 후 그 빈자리에 책이 찾아왔다. 반 토막이 된 가정에서 애들과 함께 잘 살아야 했고, 고통을 견뎌내야 했다. 책은 그렇게 자연스럽게 다가왔다. 가장 많이 읽었던 책은 법정스님 책이었다. 법정스님 책들은 대부분 구입해서 읽었다. 읽으면서 중요한 문장은 노트에 필사도 했다. 힘이 들 때마다 말로 외치면서 마음에 새기기 시작했다. 그러면서 책 읽는 것과 서서히 친해지기 시작했다. 하지만 책 읽는 습관으로 바로 연결되지는 못했다. 2017년 이전까지 평생 읽었던 책이 짐작해 봐도 50권도 되지 않는 것 같았다. 책 읽는 습관은 어렵고 힘들었다.

2017년 1월 '꿈벗 나비' 박대호 대표가 주관한 김승호 회장의 《알면서도 알지 못하는 것들》 저자 특강이 대구 한의대학교에서 있었다. 강연을 듣고 '꿈벗 나비 독서모임'에 참석하면서부터 책 읽기 습관이 빠르게 자리 잡기 시작했다. 이때부터 책은 무조건 구입해서 읽기 시작했다. 내 손끝에 잡히는 책, 내가 관심 있는 책 위주로 읽었다. 그리고 2018년부터 연간 책 100권 읽기 목표를 정했고, 2019년까지 180여 권의 책을 읽었다. 집 거실 한쪽 벽면 책장은 책들이 빼곡히 꽂혀 있다. 80%는 읽은 것 같으나 20% 정도는 읽지 못했다.

책은 나를 변화시켰고, 성장시켰다. 책 읽기 전 모습과 책 읽은 후 달라진 모습을 느낀다. 특히 책을 읽으면서 마음에 안정감이 찾아왔다. 마음근육은 독서를 통해 단련했다. 정신을 온전히 지탱해 준 것은 독서였다. 아무리 힘이 들어도 책을 읽으면 위안을 받는다. 힘들 때 친구처럼 다가왔던 것이 책이다. 인생 2막에서 책은 어떤 도구가 돼야 할까. 책은 제2의 친구가 돼야 한다. 시력저하로 책 읽기가 힘들어져도 책은 반드시 읽어야 한다.

책을 읽을 때는 혼자 읽는 것보다 독서모임에 참여하는 것이 좋다. 혼자 읽으면 쉽게 지칠 수 있고 지속하기 어렵다. 독서모임에 가면 한 권의 책을 여러 사람이 토론하기 때문에 책을 읽는 효과도 아주 우수하다. 독서습관을 들이기 위해 부담없이 읽을 수 있는 것 부터 시작하여 책과 친해지는 연습을 해보자. 책을 읽는다면 책과 연관된 사람들을 만날 수 있다.

1년에 약 8만 권의 책이 나온다고 한다. 홍수처럼 책이 배출되는 시대다. 책은 많이 읽는 것도 중요하지만 제대로 읽는 것이 더 중요하다. 책 한 권을 읽고 그 책에서 한 가지라도 실천에 옮겨 내 것으로 만들 수 있다면 책 효과는 반드시 나타난다. 100권 읽기는 2019년까지 2년 동안 했다. 작년부터 하지 않는다. 책을 제대로 읽고 실천하는 것이 더 중요하기 때문이다. 요즘은 책 읽은 후 반드시 리뷰를 한다. 좋은 책을 가려서 읽는다. 타인이 아무리 좋다고 해도 내 마음에 다가오지 않는 책은 읽지 않는다. 책을 선정하는 기준, 책을 읽는 방법 등이 서서히 자리 잡아 가고 있다. 지금도 책장을 보면 읽을 책이 너무 많이 있다. 책을 안 산다고 작정을 해도 꼭 필요한 책으로 생각되는 책은 사고 있다.

읽을 책들이 많이 있어 행복하다. 다시 재독할 책들이 있어 행복하다. 혼자 여행을 가더라도 책을 가지고 떠난다고 생각하니 더 행복하다. 50대의 독서습관은 인생 후반기 독서의 길로 갈 것인지 그냥 그대로 살 것인지 분기점이 될 것으로 생각한다. 80대에도 지식인으로서 왕성한 활동을 하는 분들은 모두 독서광이다. 이어령 선생도 그중 한 분이다. 이분은 현재 암에 걸려 시한부 삶을 살고 있음에도 독서와 책 쓰기로 마지막 삶의 에너지를 불태우고 있다. 너무 아름답지 않은가. 나의 정신건강의 힘은 책을 통한 내면 근육의 단련에 있다.

다리가 후들거리기 전에
여행을 떠나자

'60세 전까지 매년 세계오지여행 하기', '퇴직 후 세계 유명 도시에서 한 달 동안 살아보기'는 여행과 관련한 나의 버킷리스트 중 일부다. 2018년부터 세계오지여행을 시작했다. 작년에는 코로나19 유행으로 가지 못했고, 올해도 미지수다.

인천공항에서 11시간을 비행해서 미국 LAX공항에 도착했다. 란탄항공사에서 LAX공항 인근 쉐라톤호텔 1박 티켓과 점심, 저녁 쿠폰을 제공했다. 항공사 사정으로 페루 리마로 향하는 항공기 스케줄이 무려 10시간 늦게 출발했기 때문이다. 2018년 남미 페루를 9박 10일 동안 갔다 올 때의 에피소드다. 항공사에서 무료로 제공하는 호텔 숙박도 그때 처음 경험했다. 생애 최초로 무려 24시간이나 넘게 혼자 비행기를 타고 여행했던 첫 경험이었다. 혼자 여행을 하면 보지 못했던 나를 발견할 수 있다. 내 안에 철들지 않았던 내면의 자아와 깊은 대화를 할 수 있다. 머나먼 이국땅에서 혼자 조용한 시간을 많이 보낼 수 있기 때문이다.

2019년에는 9박 10일 동안 아프리카 나미비아, 보츠와나, 짐바브웨, 잠비아 4개국을 여행했다. 세계 3대 폭포 중 하나인 빅토리아 폭포를 보기 위해서다. 그 후 9박 10일로 모로코에 위치한 카사블랑카, 사하라 사막 등도 다녀왔다. "아니 왜 그렇게 위험한 곳을 가려고 해?", "그냥 가까운 곳에 가든지" 하며 걱정하는 사람도 많이 있었다. 모르고 가면 위험하지만 내재된 위험에 대처하는 방법을 알고 가면 안전하게 다녀올 수 있다. 2018년 남미 페루 여행 당시 현지에서 만났던 동료 여행객 중 일부는 페루 여행이 끝나자마자 곧바로 아마존 정글 투어를 한다고 했다. '아, 그래 맞아. 위험한 곳도 주관적이고 상대적인 것이구나. 대처하는 방법만 알면 갈수 있다'라고 생각을 바꿨다.

아프리카, 남미 등 오지 여행을 할 때 나는 현지에서 여행객들과 합류해 함께 다녔다. 주로 호주, 캐나다, 미국인과 유럽인들과도 함께 만나 여행을 했다. 이분들은 대체로 여행을 즐긴다는 공통점이 있다. 보통 30일 이상 여유 있게 휴가를 내어 다닌다. 우리나라와 문화적 차이는 분명히 있지만, 중요한 것은 그들의 삶에 여행이 녹아 있다는 것이다. 평소 이러한 여행문화가 습관으로 만들어진다면 삶은 아주 풍족해진다. 이제는 우리가 살아왔던 삶의 패턴을 바꿀 때가 되었다. 웰빙, 워라밸 문화가 사회 전반에 퍼져 가고 있기 때문이다.

올해 초 남인숙 작가의 온라인 줌 특강을 들은 적이 있었다. 이분이 집필한 《사실 내성적인 사람입니다》에 보면 '사회성 버튼을 눌러라'라는 얘기가 나온다. 한국인의 80%가 내향적인 인간이라고 한다. 내향적인 인간은 새로운 곳, 낯선 곳, 특히 여행을 좋아하지 않는다고 했다. 나는 내향적인 성향이 많음에도 불구하고 여행을 좋아한다. 여행은 낯섦이다. 미지에 대한 호기심과 가보지 않은 곳에 대한 일종의 동경이 있다. 여행을 통해 새로운 사고, 정신이 정화되고 있음을 확연하게 느낀다. 여행의 의미를 가장 잘 표현한 문장이 있다.

"여행이란, 나의 삶이 남의 삶이나 공간을 만나면 감촉이며 공명이나. 낯선 곳 낯선 사람들이 부르는 소리다. 여행의 참맛은 낯섦과 고독함에 있다. 미지에 대한 기대, 가슴 설렘에 있다. 여행의 진정한 맛은 이별 연습이다. 여행은 머무름이 아니라 움직임이다. 풍경도 지나가고 사람도 지나간다. 이별의 수만큼 그리움의 수도 늘어간다."

– 김화영 《행복의 충격》

여행을 통해 만나는 사람, 그리고 이국적이고 신선한 풍경은 낯섦 그 자체다. 낯섦이 많으면 많을수록 뇌에 신선한 자극을 준다.

"Could you give me your e-mail address" 여행을 마칠 때쯤이면 여행지에서 처음 만난 사람과 이메일을 주고받으며 다음 만남을 기약하며 헤어진다. 사실 여행지에서 만난 사람과 다시 만난 확률은 거의 없다. 갔던 곳에 다시 갈 확률도 매우 낮다. 그래서 김화영 작가가 얘기한 '여행은 이별 연습'이라는 것이 딱 맞는 표현이다.

여행하면 뇌가 활성화된다. 여행이 주는 효과는 삶에 에너지를 주고 재충전을 해준다. 진정한 여행은 혼자 하는 여행이다. 낯섦, 고독, 두려움, 그리움 등을 몸 전체를 통해 받아들인다. 그래서 혼자 여행할 수 있다면 가끔 가보는 것도 좋다. 늦어도 50대에 이런 여행을 시도하지 않는다면, 평생 여행을 못 할 수도 있다. 고기도 먹는 사람이 먹듯이 여행도 해본 사람만이 한다. 나이가 들면 들수록 여행을 하는 것은 어렵다. 특히 10시간 이상 장시간 비행기를 타고 떠나는 여행은 늦어도 50대부터 연습하고 다니지 않으면 점점 다니기가 힘들어진다. 나이가 더 들기 전 아주 먼 나라를 가볼 것을 추천한다.

지인 중 한 분은 퇴직 후 여행 홀릭에 빠져 생활한다. 북극에도 다녀왔다. 유럽 등 세계 오지를 한 달 이상 여행을 하며 보낸 스토리를 페이스북에 올린다. 퇴직한 후 여행을 즐기는 지인을 보며 '여행을 선호하는 자와 선호하지 않은 자로 양분될 수는 있다'라는 생각을 했다. 하지만 삶의 패턴과 문화가 기성세대와 서서히 달라지는 추세다. X세대를 포함해 앞으로 퇴직하는 사람들은 여행을 더 많이 하며 인생 2막을 즐길 것으로 보인다. 단체 여행보다는 소규모 그룹 여행 또는 홀로 여행도 많이 증가할 것이다. 자녀세대에 의지하는 것보다 홀로 설계해서 여행하기를 좋아한다.

도보여행 전문가이자 작가로 잘 알려진 황안나 씨는 올해 만 80세다. 그녀의 전직 직업은 선생이었다. 퇴직 후《내 나이가 어때서》,《일단은 즐기고 보련다》등 여러 권의 책도 집필했다. 그리고 여행자로의 삶을 살아왔던 그녀의 스토리는 많은 이들의 귀감이 되고 있다.

여행은 삶을 재충전해주는 유일한 무기이자, 보약 같은 존재다. 여행의 진정한 맛을 느끼며 인생 후반기를 살기 위해 늘 여행자 같은 삶의 자세가 필요하다. 우리 인생은 잠시 머물다 가는 곳, 여행지도 잠시 머물다 떠난다. 여행지는 다시 갈 수 있지만, 인생 여행길은 되돌아갈 수 없다.

태극권,
사교댄스
그 어떤 것이라도!

"요즘 그 소장님 뭐 하고 지내는지 아세요? 그때 태극권 같이 하지 않으셨어요?" 오랫동안 같은 회사 직원으로 알고 지내고 있던 분이 사무실을 방문했다. 나는 상사로 모셨던 분의 근황을 그에게 물었다. 상사와 그가 태극권을 같이 했다는 것을 알고 있었기 때문이다. 그는 내가 모시던 상사가 사교댄스 지도자가 됐고 댄스의 매력에 빠져 태극권은 더 이상 하지 않는다고 전했다. 나는 전혀 상상이 되지 않았다. 그 상사는 춤과 노래와는 거리가 아주 먼 분으로 생각했기 때문이다.

또 다른 지인은 퇴직 후에 보육시설, 경로당과 같은 사회복지시설, 각종 단체에서 마술공연을 하고 있다. 퇴직 전부터 마술을 취미활동으로 꾸준히 배운 것 같다. 퇴직 후 자연스럽게 마술을 취미 삼아 하며 인생 2막의 새로운 활력의 재료로 활용하고 있다.

인생 2막을 살아가는 데 지탱해주는 뿌리가 건강이라면 취미활동은 활력있는 삶을 형성해주는 산소 같은 존재다. 인생2막에서 취미활동이 없다는 것은 마치 숨 쉴 수 없는 공간에서 서서히 말라 비틀어져 가는 식물과 같다. 인생 2막에서 취미활동은 옵션이 아니라 필수다. 베이비부머 세대 또는 그 이전 세대가 퇴직 후 즐겨 했던 것이 등산이다. 등산이 퇴직 후 중요한 취미활동이 될 수도 있지만 좀 더 다양한 종목을 발굴할 필요가 있다. 인생 2막 준비를 위해 취미도 비빔밥의 재료처럼 다양하게 구성해 놓아야 맛깔스럽다. 여러 가지를 배워 놓으면 지치지 않고 다양한 동호회 활동에 참여할 수 있다.

수영, 스키, 검도, 기타, 스킨스쿠버, 골프, 사진촬영, 마라톤, 등산, 헬스, 여행, 디스크 골프, 그리고 독서는 그동안 내가 해왔던 취미 목록이다. 지금은 코로나19로 인해 조깅, 수영 이외에는 하지 않고 있다. 나이가 들면 과격한 운동, 위험한 취미활동은 줄여야 한다. 내가 배운 것 중에 대표적으로 위험한 취미가 스킨스쿠버다. 분명 좋은 점도 있지만, 오래 할수록 잔류질소가 체내에 축적되기 때문에 건강에 좋지 않다. 검도는 초단을 획득하고 대회 시합에도 참여한 적이 있다. 제대로 하면 몸에 무리가 없지만, 과격한 운동임에는 틀림이 없다.

인생 2막을 시작하는 데는 몸에 무리를 주지 않는 취미활동을 발굴해야 한다. 대표적인 것이 수영이다. 수영은 물 알레르기와 같은 두려움이 없는 한 평생 할 수 있는 운동이다. 나는 2000년 초에 수영을 배웠다. 한동안 수영을 하지 않다가 3년 전부터 수영을 다시 시작했다. 수영하고 나면 컨디션이 아주 좋아진다. 몸이 개운하고 정신까지

맑아진다. 운동 후의 상쾌한 효과와 좋은 느낌을 스스로 체감한다면 지속적으로 할 수 있다.

미국 연수 시절에는 '미주한인 사진동호회'에 가입해서 사진 활동을 한 적이 있었다. 나는 동호회 활동을 통해 사진을 배웠다. 동호회 회원 중 절반 이상이 50대부터 60대 이후 사람들이었다. 사진은 피사체를 정해 찍을 때 정신을 집중하게 해주고, 자연풍경과 호흡하며 마음을 편안하게 해준다. 나에게 맞는 취미활동을 선택하는 것이 무엇보다 중요하다. 50대부터 다양한 분야에 취미활동을 배워 놓는다면 나이가 들더라도 무료한 시간을 보내지 않게 된다.

2010년 한 부모 가장이 된 후 큰아들과 함께 기타를 배웠다. 대학 시절 기타를 처음 배웠고, 아들이 보는 앞에서 기타 연주를 해보고 싶어 다시 배운 것이다. 아들에게 힘과 용기, 꿈과 희망을 주기 위해서였다. 거의 1년 정도 함께 배운 후 아들과 함께 수백 명이 지켜보는 공연장에서 에릭 클립턴의 'Tears in Heaven'을 연주했다. 그 이후 아들은 기타에 흥미를 더 가지며 실력이 향상됐고 나는 기타 연주를 중단했다.

몸에 무리가 가지 않고 오랫동안 할 수 있는 다양한 취미활동을 발굴해보자. 특히 내가 하고 싶은 것 위주로 배워 놓으면 60대 이후 나이가 더 들더라도 얼마든지 다시 시작할 수 있다. 60대 이후 나는 기타를 다시 배워 봉사활동이나 공연을 할 계획을 가지고 있다. 50대 이전부터 해왔기 때문에 가능하다. 어떤 악기 하나라도 배워 놓으면 좋다. 내가 아는 지인 한 분은 평생 색소폰이 뭔지도 모르다가 남편 따라 배우기 시작했다. 평소 관심이 없다거나 못할 거로 생각했던 악기가 뜻밖에 취미로 연결될 수 있다. 인지 부조화란 얘기처럼 관점과 생각을 바꾼다면 얼마든지 악기 하나를 배울 수 있다. 악기 하나만이라도 잘 다룬다면 인생 후반기 삶이 더 풍요로워진다.

나만의
메신저를
발굴해보자

　'퇴직 후 무엇을 해야 할까' 많은 직장인이 고민하는 1순위 물음 가운데 하나다. 무엇을 할 것인지 명확하게 그려지지 않아 답답할 때가 많다. 답답한 것이 정상이다. 어차피 인생 2막에 무엇을 할 것인지는 준비를 하면서 답을 찾아가는 과정이다. 그 준비는 늦어도 50대에는 시작해야 한다. 바야흐로 100세 시대가 펼쳐지고 있다. 80세 이후에도 할 수 있는 직업을 찾아야 한다. 그 직업 중 하나가 '1인 지식 경영자'로 사는 것이다.

　1인 지식 경영자가 되면 은퇴 없이 건강이 허락하는 한 평생 일을 할 수 있다. 100세가 넘는 나이에도 불구하고 강연활동을 하는 김형석 박사가 있다. 2019년에 강연을 직접 들은 적이 있는데 아직도 많은 분에게 영감과 희망의 메시지를 들려주며 영향력을 주고 있다. 1인 지식 경영자란, 한마디로 말해 내가 가지고 있는 지식, 경험을 바탕으로 누군가에게 도움을 주어 성공을 돕는 사람을 말한다. 글쓰기와 강연, 유튜브 운영, 세미나와 상담, 경영컨설팅 등을 하는 사람은 모두 1인 지식 경영자다.

《마흔의 돈 공부》를 출간한 이의상 작가는 '단희 TV' 유튜브 채널로 명성을 떨치고 있다. 이의상 작가는 사업 실패 후 모든 재산을 잃고 두 번의 극단적인 시도도 했다. 명강사로 잘 알고 있는 김미경도 작년에 《리부트》 책을 출간했다. 이분들의 처음 출발조건은 초라했다. 시작할 때부터 안정적인 조건에서 출발하지 않았다. 사회 영향력을 끼치는 어떠한 명강사, 명유튜버들도 첫 출발은 화려하지 않았다. 누구든지 도전하면 1인 지식 경영자로 성공할 수 있다는 것을 방증한다.

"메신저 산업에 상징적 인물인 토니로빈스, 스티브 코비, 릭워렌, 데이비드 바크, 존 그레이, 오프라 윈프리 이들 모두는 소소해 보이는 메시지에서 출발했다. 처음부터 유명하고, 부자인 사람은 아무도 없다."
— 브렌든 버처드 《백만장자 메신저》

1인 지식 경영자가 되기 위해서는 내 안에 있는 강점이 무엇인지 찾아야 한다. 누구든지 자신만의 강점이 있다. 그 강점을 찾아서 브랜딩하고 콘텐츠화하면 돈을 벌 수 있고 직업이 된다. 그 강점을 찾아가는 과정이 메신저다.

"인상이 너무 좋으신데요" 지금까지 살면서 내가 가장 많이 들어

온 말이다. 좋은 인상을 잘 알리기 위해 선택한 것이 매일 웃는 사진을 단톡방에 올리는 것이었다. 1년 이상 꾸준히 웃는 사진을 올렸더니 표정이 더 밝아졌다. "와우, 깜놀! 톡을 열자마자 이 기분 좋은 미소. 이목원 님은 무재칠시 중 하나를 재능기부 하시는군요. 바로 따라 저도 웃었습니다. 기분 업. 땡큐!" 내 표정을 보고 온라인에서 이러한 공감 댓글을 다는 분들이 많이 있다. 매일 웃는 연습을 하면 표정이 더 자연스러워진다. 요즘은 매일 아침 웃는 사진을 올리지 않으면 어색할 정도가 됐다. 작년 10월 온라인 줌 강의를 한 후 청주에서 10여 년 이상 강사를 직업으로 하는 분을 직접 만났다. 그분은 백만 불짜리 미소가 연상될 만큼 강한 인상을 남겼다. 웃음은 웃음을 매개로 인연을 연결해준다. 나는 앞으로 표정과 인상을 메신저와 연결해서 웃음을 잃어가는 분들에게 꿈과 희망을 전달할 계획이다.

메신저가 되기 위해 내 안에 강점을 어떻게 찾아야 할까. 가장 좋은 방법이 있다. 그동안 살아오면서 이룩한 성과나 취미 또는 잘하는 것 100가지를 나열해보자. 잘한다는 것이 있다면 아주 특별하고 최고일 필요도 없다. 특히 현재 흥미롭게 배우고 있는 것을 잘 개발할 수 있으면 좋다. 아니면 앞으로 꼭 배우고 싶은 것을 꾸준히 노력해서 목적한 곳에 도달한다면 메신저로 만들 수 있다. 무엇보다 흥미가 있고, 재미가 있어야 한다. 인생 2막을 시작하면서 내가 잘할 수 있는 메신저를 발굴한다면 은퇴 걱정 없이 평생 1인 지식 경영자로의 삶을 살아갈 수 있기 때문이다.

1인 지식 경영자는 꾸준히 자기 자신을 가꾸고 계발해야 한다. 이

들은 공통점이 있다. 첫째 건강하다. 둘째. 공부한다. 셋째 외모관리를
한다. 명강사, 명유튜버가 된 분들이 현재에 안주하는 분들은 없다. 끊
임없이 연구하고 노력한다. 나 자신도 메신저를 발굴해내는 과정에 있
다. 2016년도부터 경매공부를 배웠다. 그동안 부동산 경매를 통해 낙
찰도 했고, 패찰 경험도 많이 했다. 경매공부 이론과 실전경험을 잘 살
린다면 경매 관련 콘텐츠를 만들 수도 있다. 내가 하고 싶은 것, 잘할
수 있는 것, 강점을 찾고 그것을 메신저로 만들어 보자. 그 안에 인생 2
막을 지치지 않고 재미있게 사는 답이 있을 수 있다.

디지털 생태환경에
적응하기 위해
SNS를 배워야 한다

　"양이 너무 많아 반쯤 남긴 피자 4조각을 2,000원에 판다고 올렸더니 업로드 2시간 만에 거래가 성사됐다" 온라인 '당근마켓'에서 일어났던 일이다. 쿠팡 다음으로 일 사용자가 많은 앱이다. 그러면서 'N차신상'은 금년 가장 뜨거운 유통채널이 될 것이다'라고 했다. 이는《트렌드코리아 2021》에 언급된 내용이다.

　전 세계 스마트폰 사용인구가 50억 명이 넘었다. 우리나라도 인구의 60%가 스마트폰을 사용한다. 스마트폰이 나온 지 10여 년 만에 세상은 디지털 문명으로 급격히 이동하고 있다. 작년부터 시작된 코로나19가 세계적으로 대유행을 떨치고 있다. 이로 인해 비대면 문화가 확산되면서 산업생태계가 온라인으로 급격히 이동하고 있다. 기존 산업생태계가 붕괴하고 있다.

이미 우리 사회 주류층은 80년대부터 2000년 사이 태어난 MZ 세대로 급격하게 이동하고 있다. 바로 그들은 휴대폰을 몸 일부분처럼 생각하며 태어난 포노사피엔스 문명 세대들이다. 《포노사피엔스》, 《CHANGE 9》을 집필한 성균관대 최재붕 교수는 '문명의 표준을 바꿔야 생존할 수 있다'고 강조했다.

기성세대는 스마트폰을 신체 일부처럼 사용하는 MZ 세대의 사고 방식과 행동을 이해하는 것에서 시작해야 한다. 그러기 위해 나이가 더 들기 전 SNS를 배워 친숙하게 만들어야 한다.

작년 말 아들과 제주도 여행 중 숙소에서 통닭을 먹기 위해 전화로 주문할 일이 있었다. 나는 메뉴를 전화로 물어서 주문할 생각이었고, 아들은 휴대폰으로 메뉴를 검색 후 전화로 주문할 생각이었다. 아들과 생각의 차이가 완전히 달랐다. 아주 단순한 것 같지만 나의 사고방식, 즉 메타인지에는 휴대폰에서 검색해야 한다는 생각이 없었다. 최재붕 교수가 얘기한 메타인지란 내가 무엇을 모르고 있는지를 아는 능력, 나를 객관적으로 판단할 수 있는 또 하나의 자아 인식을 말한다.

사회 흐름에 뒤처지지 않으려면 단순히 디지털을 소비하는 것에서 벗어나 생산자로 거듭나야 한다. SNS는 인스타그램, 블로그, 밴드, 카카오톡, 페이스북, 유튜브가 대표적이다. 휴대폰을 통해 활용할 수 있는 생활에 편리한 앱들은 대부분 있다고 봐도 무방하다. 50대가 되면 새로운 것을 받아들이고 습득하는 것은 쉬운 일이 아니다. 사회학자 찰스 핸디(Charles Handy)는 '신기술의 변화에 대해 35세 이전은 흥분하고, 35세 후는 당황하고 난처해 한다'고 했다. 특히 'MZ 세대들은 도전이자 생활이다'라고 했다.

40대 이후가 되면 새로운 디지털 문명을 받아들이기가 쉽지 않다. '당근마켓', '배달의 민족' 앱을 통해 중고물품도 사보고 배달도 시켜봐야 한다. 단순 일회성을 넘어 온라인 거래에 대한 이질감, 괴리감을 마음에서 없애는 것이 중요하다. 4차 산업혁명이 본격화되는 미래는 디지털 문명이 대세가 되기 때문이다. SNS를 활용하면서 소비하는 것과 어렴풋이 알거나 모르고 따라가는 것은 천지 차이다.

작년 초 인스타그램과 블로그를 배웠다. 강사는 SNS를 통해 알게 된 분이다. 교육을 받으면서 계정을 새로 만들었다. 작년 말쯤이 되자 블로그 이웃 수는 1,500명이 넘게 되었다. 쉽지 않았다. 그동안 침체기도 겪으면서 우여곡절도 있었다. 블로그에 매일 포스팅하고 이웃 수를 늘린 결과다. 작년 하반기 북미남 유튜브 채널도 새롭게 만들었다. 2019년에 일상생활과 여행을 주제로 유튜브 채널이 있었지만 이번이 두 번째다. "인스타그램, 페이스북, 블로그, 유튜브 중 제일 배우기 어렵고 시간이 오래 걸리는 것이 유튜브입니다" 유튜브를 가르쳤던 선생님이 얘기했던 말이다. 그만큼 어렵다는 것을 방증한다.

한편 어렵다는 것도 우리의 생각의 차이에서 나온다. 세계 최고령 스마트폰 앱 개발자 인터넷 기사가 눈길을 사로잡았다. 바로 1935년 생인 와카미야 마사코다. 2017년 82세 나이로 프로그래밍을 독학해 6개월 만에 아이폰용 게임 앱 개발에 성공했다. 전직 은행원 출신으로 60세까지 컴퓨터를 거의 사용한 적이 없었다. '마짱'이라는 애칭으로 불리는 그녀는 2019년 《나이 들수록 인생이 점점 재미있어지네요》라는 책도 출간했다. 무엇이든지 배우고자 한다면 시간, 조건, 환경이 문제가 되는 것이 아니라 마음가짐과 생각이 중요하다.

디지털 문명 시대에 생존방식이 명확해졌다. 최재붕 교수는 '지금까지 살아오면서 당연하다고 생각했던 상식, 기준, 생각의 근본을 흔들어 바꿔야 한다'고 말했다. 시대에 뒤처지지 않으려면 내 생각의 기준을 바꾸기 위해 어려운 길을 선택했는지 스스로 물어봐야 한다. SNS를 배워 실생활에 익숙히 활용하는 것을 디지털 생태환경 구축이라고 한다.

당장 스마트폰으로 배워야 할 목록을 만들어 보는 것도 좋다. 그리고 꾸준히 실천해서 '메타인지'의 폭을 넓혀야 한다. 단시일에 되지 않는다. 사소한 실천을 꾸준하게 하는 자만이 디지털 사고를 장착할 수 있는 지름길이다. 늦어도 50대에는 다양한 SNS를 배워야만 MZ 세대가 주류가 되는 사회에 동떨어지지 않게 된다.

일상의 감사가
인생 후반기 기적을
낳는다

매일 아침, 매일 밤
잘 살아온 나를
칭찬해주자

"심장아. 너는 단 1초도 쉬지 않고 나를 위해 헌신하며 살아왔구나. 네가 없었다면 지금의 나는 없었다. 너무 고맙구나. 앞으로 너를 상처 나게 하거나 위험하게 하는 것은 절대 하지 않을게. 고맙다" 내 몸의 일부분인 심장에게 고맙고 감사한 마음을 담아 칭찬해봤다. 내가 지금 살아있는 것 자체는 기적이다. 현재 숨을 쉴 수 있고, 사고 없이 온전히 생활하는 것은 더 기적이다. 사별의 아픔을 겪었던 나로서는 무엇보다 지금 이 순간이 소중하다는 것을 절실히 느낀다. 사고 이전의 순간으로 단 1초도 돌릴 수 없다는 것을 뼈저리게 느꼈기 때문이다. 하루하루가 참 소중하고 의미가 있는데도 그것을 간과하고 무심코 지나칠 때가 너무 많다.

"어머! 어쩜 피부가 이리도 고우세요. 동안 피부인데 어떻게 관리하고 계시는지 궁금합니다."

　누군가를 만나더라도 이렇게 칭찬하는 말 한마디가 상대방의 마음을 움직일 수 있고, 대인관계를 원만하게 하는 윤활유 역할을 하기도 한다. 우리는 남을 칭찬하는 데도 인색하지만, 자신을 칭찬하는 데는 더욱더 인색하다. 앞에서 심장을 칭찬 했듯이, 그동안 수고하고 열심히 살아왔던 손, 발 등 신체에 대해 칭찬해보자.

　갑자기 몸 어딘가에 티눈이 하나 생겨도 생활이 불편하다. 우리 몸은 머리부터 발끝까지 소중하지 않은 것은 하나도 없다. 육체와 정신을 온전하게 해주는 것이 몸이다. "머리카락아. 너는 비가 오나 눈이 오나 머리를 보호하기 위해 온갖 공해에 시달리며 머리를 감싸온 것을 잊고 있었구나. 더울 때는 더워서 힘들었고 추우면 추운 대로 견뎌낸 너를 몸의 주인인 내가 칭찬한다. 특히 갑자기 외부 충격을 받을 때는 고통을 몸소 받으면서 머리를 보호해줬구나. 네가 없었더라면 머리는 온전하지 않았다. 그동안 너무 무심해서 미안하다. 머리카락아, 정말 고맙구나."

　칭찬은 고래도 춤추게 한다고 했다. 내가 숨 쉴 수 있는 것은 내 몸이 있고 내 정신이 온전하기 때문이다. 매일 아침, 저녁 시간이 날 때마다 나에게 칭찬과 긍정 에너지를 주입해주자. 스스로에게 칭찬을 하는 가장 효과적인 방법은 말로 직접 표현하는 것이다. 머릿속에만 간직하고 있으면 효과가 없다. 진정성 있게 표현하다 보면 무의식 속으로 스며들게 된다. '나의 인생 후반기에는 큰 행운이 오고 있다' '이목원, 너는 멋진 녀석이야' 이렇게 A4용지에 칭찬문장을 적었고 책상과

벽에 붙여 놓았다. 아침저녁 단호하게 표현한다.

자신을 위한 위로와 격려는 어떤 형태라도 좋다. 매일 하는 것이 중요하다. 반복해 외치면 잠재의식 속에 스며들어 외쳤던 말이 무의식 중에 고스란히 나타나게 된다.

"책이면 책, 운동이면 운동, 모든 면에서 만능이신 이목원 선생님. 많이 배우고 있습니다. 도전하시는 모습, 밝은 모습 너무 보기 좋아요."

– 롤링페이퍼 중 일부

위 내용은 교육을 받을 때 동료 수강생들이 나에 대해 칭찬했던 내용 중 일부다. 일명 롤링 페이퍼다. 교육을 많이 받은 나는 롤링페이퍼가 여러 개 있다. 가끔 롤링 페이퍼를 읽어 본다. 처음 읽을 때는 무척 부끄러웠다. 하지만 자주 접하다 보니 낯설거나 부끄러운 마음이 사라졌다. '그래 내가 이런 인간이라는 거지' 하며 나를 인정하고 나를 더욱 사랑할 수 있게 됐다.

50대가 되면서 아침마다 얼굴을 본다. 새치로 보였던 흰 머리카락이 점점 더 많아지고 있다. 이마, 목 사이로 잔주름도 조금씩 더 많이 보인다. 나이가 들어간다는 느낌이 외형적으로 확실하게 보이기 시작한다. 이럴 때일수록 나 자신에게 더 많은 칭찬과 격려가 필요하다. 많이 하면 할수록 나를 더욱 소중하게 생각하게 된다.

2019년 '자기 몸 긍정주의 운동'이 화두가 된 적이 있다. 아름답지 않을 권리. 잘생긴 사람만 모델이 되는 시대가 아니다. 뚱뚱하더라도 있는 그대로의 모습에서 콘셉트를 잘 살려 모델이 된 사람도 있다. 세계에서 가장 돈을 많이 번 모델 10위에 랭크된 애슐리 그레이엄이 대표적이다. 내 몸을 있는 그대로 받아들이는 것은 나이가 들어도 마찬가지다. 내 외모를 있는 그대로의 모습으로 받아들이고 칭찬을 하는 습관을 가져보자. 우리나라는 유독 남과 비교를 많이 하는 습성이 있다. 나이가 들면 무엇보다 나 자신을 온전히 지키는 것이 중요하다. 먼저 나 자신을 칭찬하는 데서 시작해보자.

좋은 일 즐거운 일은
매일 표현하며
마음에 각인하자

"잠시 후 열차는 청량리역에 도착합니다" 스피커에서 승무원의 안내 음성이 나왔다. 시계를 보니 새벽 5시가 됐다. 어린 시절 밤늦게 영주역에서 기차를 타면 그다음 날 새벽 청량리역에 도착하는 기차가 있었다. 70년대 후반, 80년대 초반으로 기억한다. 1년 농사를 마무리하고 겨울철이 되면 어머니는 서울 친척 집 나들이를 갔다. 그때 작은 누님은 서울에서 직장생활을 했다. 그래서 어머니와 함께 갔던 순간을 기억한다. 나는 겨울철 기차를 탈 때의 설렘을 잊을 수 없다.

중고등학교 때 수학여행을 가는 날은 잠을 설친다. 버스를 타고 가는 설렘, 친구들과 학교를 벗어난다는 해방감, 그리고 관광지를 본다는 떨림 때문이다. 내 생애 비행기를 처음 탄 적은 태국으로 신혼여행 갈 때였다. 제주도도 한 번 간 적이 없었다. 처음 비행기를 탈 때의 설렘은 평생 내 가슴속에 살아 움직인다. 좋았던 일 즐거운 일은 뭐니뭐니해도 여행이 최고다.

새로운 경험, 학창시절의 추억들은 오랫동안 기억에 남는다. 그런데 시간이 가면 갈수록 새로운 경험들이 줄어든다. 나이가 들면 좋은 일, 즐거운 일이 있어도 신선함이 적다. 이미 경험했던 것이 대부분이기 때문이다. 자연히 기억 속에서 사라지기 쉽다. 슬프고 행복했던 일들이 기억 저편의 공간에 차곡차곡 쌓이게 된다. 삶의 찌꺼기도 자연스럽게 쌓이게 된다.

내 안에 잠자고 있는 신선함, 즐거움을 자극하지 않으면 의욕도 저하되기 쉽다. 이럴 때일수록 의식적으로 즐거운 일, 기쁜 일, 좋은 일을 마음에 새길 수 있도록 표현하는 것이 중요하다.

"나는 매일 아침 즐거운 일, 좋은 일이 일어나는 것을 생각합니다. 아무리 사소하게 보이는 일이라도 멋지게 표현합니다. 그러면 적게 보였던 일도 마음속에 오랫동안 남아있습니다. 50대부터 시작했으니까 벌써 30년이 다 되어 가네요."

79세가 되는 지인이 말한 내용이다. 이분을 통해 사소한 일처럼 보이는 것도 사소하지 않게 생각하고 표현하는 것을 알게 됐다.

삶을 바라보고 생각하며 행동하는 마음가짐이 중요하다. 뇌에 의식적으로 자극하지 않으면 여행을 하더라도 학창시절처럼 신선한 자극은 없다. 나이가 들면 들수록 생활에서 발생하는 사소한 일조차도 의식적으로 표현해야 한다. "야. 신난다. 즐겁다. 기쁘다" 나는 매일 아침 의식적으로 외친다. 석 달 정도 돼간다. 생활에 즐거움과 기쁨이 더 늘어난다. 이것을 꾸준히 해서 습관으로 만든다면 더 좋은 에너지가 들어올 것으로 생각한다.

2018년 생애 최초로 남미여행을 혼자 갈 때가 생각났다. 학창 시절이면 잠을 설치고도 남았다. 하지만 출발 전날 저녁에도 설렘으로 잠을 설치지는 않았다. 새로운 것이지만 마음은 무덤덤했다. 앞으로 남은 삶을 생각해도 즐겁고 행복한 일로 잠을 설치는 빈도는 점점 떨어질 것이다.

잠자리 얘기하니까 침대가 생각났다. 최근 이사를 하면서 최고급 침대를 샀다. 거의 10년 만이다. 침대 구입 전에는 방바닥에서 잤다. 스노우폭스 김승호 회장은 "자신을 관리하는 데 투자하는 것은 인색하지 말라. 특히 침대는 가장 좋은 것으로 사라"고 했다. 아침에 자고 일어나면 몸이 더 개운하다는 생각을 의식적으로 한다. 자기 전에도 침대에 편안하게 눕는다는 생각을 하면 몸 안에서 엔돌핀이 솟고 즐겁다. 비싸다고 모두 좋은 침대는 아니지만, 유명업체 침대는 돈을 투자한 만큼 효과가 충분히 있었다. 잠을 자더라도 더 깊은 잠을 잘 수 있다. 의식적으로 외치게 되면 심리적 효과가 올라가면서 생활에 더 활력 요소가 된다.

좋은 일, 즐거운 일은 생각하는 것 자체만으로도 건강하고 생활에 활력이 생긴다. '얼굴은 마음의 창'이라고 했다. 좋은 생각들이 넘치게 되면 얼굴에 나타난다. 나쁜 생각, 부정적 생각이 있으면 좋은 생각을 집어삼킨다. 자기도 모르게 얼굴이 어둡게 변한다. 좋은 기운과 에너지는 좋은 생각에서 많이 발현된다. 아무리 사소한 일이라 할지라도 기쁘고, 즐겁고, 신나는 일이라고 표현하자. 꾸준히 하다 보면 좋은 에너지가 온몸에 전파된다.

감사하다,
만족스럽다, 기분이 좋다,
나는 행복하다!

"즐거움으로 한 주를 시작할 수 있어 감사합니다. 집 가까운 곳에 마트가 많이 있어 장보기가 편리해 감사했습니다. 오늘 하루도 행복한 장소에서 마무리할 수 있어 감사합니다" 이렇게 매일 단톡방에 감사 일기를 올리는 분들이 있다. 100명이 넘는 분들이 올리는 감사 메시지를 보며 자극과 영향을 받는다. 감사함을 몸소 실천하는 분들이다. 감사함은 좋은 에너지를 끌어 당기는 힘이 있다.

작년 6월 '마인드 파워' 조성희 대표가 운영하는 '위너스' 수업을 들은 적이 있었다. 수업에 모두 참석했다는 것이 감사한 마음이다. 그리고 긍정 확언연습도 했다. 네이버 카페에는 'AM 매일 감사해요' 란이 있다. 이곳은 조성희 대표의 수업을 받은 분들이 감사함을 나누고 있다. 블로그, 카페 등에서도 감사한 마음과 긍정 확언을 생활화하는 분들이 많이 있다. 시중에는 감사한 마음과 관련한 책도 많이 있다. 감사 명언도 많다.

"세상에서 가장 지혜로운 사람은 배우는 사람이고,
세상에서 가장 행복한 사람은 감사하며 사는 사람이다."

– 탈무드

"세상에서 가장 쓸모없는 인간은 감사할 줄 모르는 인간이다."

– 요한 볼프강 괴테

'도대체 감사가 뭐길래 다양한 방법을 통해 감사함을 실천하는 것일까?' 감사함을 모르는 사람은 이렇게 반문할 수 있다. 하지만 많은 분들은 감사로 인해 생각이 바뀌고 생활이 바뀌어 인생이 변화됐다. 지금까지 살면서 이것을 몰랐다면, 단지 나만 모르고 지내왔던 것뿐이다. 감사함을 적고, 외치고 실천하면 긍정에너지가 무의식 속에 형성된다. 어떤 힘든 경우가 생기더라도 이것을 헤쳐 나갈 수 있는 방향으로 생각하게 된다.

감사함은 무시무시한 에너지를 끌어당기는 힘이 있다. 마치 바이러스가 전염되는 것처럼 긍정적 사고는 긍정의 에너지를 끌어당긴다. 아주 사소한 고마움도 기쁘고, 즐겁고, 행복하다는 좋은 감정으로 표현해보자. 감사함에는 다른 긍정과 긍정을 연결해주는 효과가 있다. 마치 몸 안에 전류가 흐르듯, 좋은 에너지가 점점 차고 넘치는 사실을 경험할 것이다. 감사한 생각이 넘쳐나는 사람은 부정의 기운이 없다. 표정도 밝고 활력이 넘친다. 절대 어둡지 않다.

감사하는 사람을 자주 만나면 좋은 기운이 배가 된다.

'아이 열 받아 미치겠네, 하는 일은 더럽게 안 풀리네' 이런 식으로 불평불만과 타인을 비방하며 매사 부정적인 사람을 자주 만나면 어떨까. 그 위력은 엄청나다. 감사 기운을 통째로 삼켜버리고 부정적인 기운으로 바꿔 버릴 수가 있다. 마치 화염과 같다. 감사함은 꾸준한 노력이 필요하지만, 부정의 기운은 부정한 환경에 자주 노출되는 순간 그동안 쌓아놓은 감사의 흔적들이 순간적으로 물거품처럼 없어질 수 있다는 것을 명심해야 한다.

작년에 고등학교에 입학한 둘째 아들은 학교를 그만두게 됐다. 평소 감사한 내공을 기르지 않았다면 내 마음은 산산조각이 났고, 갈기갈기 찢어졌을 것이다. 엄청난 정신적 충격으로 온전한 생활이 안 되고 있었을지도 모른다. 하지만 아들의 일련의 행동과정을 긍정에너지로 바꾸기 위해 평소 마음관리를 철저하게 실행했다. "아들아. 너는 지금 내 곁에 살아있다는 것 자체만으로 나는 행복하고 감사하다. 너는 엄마의 따뜻한 사랑을 받지 못하는 어려운 여건 속에서도 건강하게 자라줘서 고맙다" 이렇게 감사한 마음을 생각하고 말로 표현해봤다. 매일 반복해서 실천했더니 아들에 대한 감사한 마음이 나도 모르게 계속 나온다. 감정이 복받쳐 눈물도 많이 흘렸다.

부모 코칭 전문가와 주변에 비슷한 상황을 겪었던 분들은 '지나고 나면 아무것도 아니라'라는 얘기를 많이 해주셨다. 충분히 공감하지만 순간의 견딤은 고통을 수반한다. 아무리 비워내도 마찰이 있을 때가 있다. 이럴 때는 마치 아픈 충치에서 신경이 돋아나듯, 그 아픔을 견뎌내야 한다는 사실이다.

아들이 학교를 그만둔 후 "야호, 신난다. 드디어 나는 검정고시생이 됐다"라는 제목으로 블로그에 글을 올렸더니 다음과 같은 댓글이 달렸다. "마음근육을 다져오신 게 보이는 글이네요. 글을 통해 마음이 긍정과 사랑의 방향으로 향해 있음이 느껴집니다."

감사한 마음, 기쁘고, 즐거운 마음을 가지는 일은 내 영혼을 맑고 깨끗하게 하는 일이다. 마치 불순물을 걸러주는 필터와 같다. 매일 쌓이고 쌓이는 삶의 찌꺼기는 감사하고, 기분 좋고, 기쁘고, 행복하다는 마음의 근육 필터를 키워 걸러내야 한다. '내 영혼은 너무 맑다', '나는 근심과 걱정이 없다', '내 마음에 기쁨이 넘친다', '오늘도 감사할 것들이 넘친다.'

베풀면 보지 못했던
삶이 보인다

"당신네 같은 주정뱅이들한테 줄 저녁은 없어요" 톨스토이 단편선
《사람은 무엇으로 사는가》를 읽다 보면 세몬의 부인인 마트로냐가 남
편 세몬과 미하일에게 위와 같은 말을 한다. 남편 세몬은 구두 수선공
이었는데, 구두 수선비 외상값을 받아서 그 돈으로 시장에 가죽을 사
러 집을 나섰다. 그런데 수선비는 받지도 못하고 집으로 돌아오는 길
에 술만 잔뜩 먹고, 미하일이라는 부랑자까지 집으로 데리고 왔다. 전
후 사정을 들은 마트로냐는 선의를 베풀며 저녁을 주게 됐고 미하일
은 오랫동안 이 집에서 동거하게 된다. 그리고 그녀는 남편에게 푸념
어리게 다음과 같은 말을 한다. "우리는 이렇게 남을 도와주는데 어째
서 우리를 도와주는 사람은 아무도 없을까요?" 세몬은 뭐라고 해줄 말
이 없었다. "그만 잠이나 자요" 그런데 세월이 지난 후 구두 재단을 잘

못해 세몬은 죽을 목숨에 처하게 되었는데, 미하일의 도움으로 가까스로 목숨을 건지게 된다. 톨스토이 단편 선은 종교적인 색채는 있지만, 인간이 살면서 가장 근본적인 것이 '사랑'이라는 것을 알게 해준다. 이 책은 시대가 지나도 꾸준히 읽히는 스테디셀러다.

'내게도 생면부지의 사람에게 베푸는 사랑이 있을까'라고 스스로 반문한 적이 있다. 인간의 기본 심성 중에 타인을 사랑하고 측은하게 여기는 마음이 있다. 그런데 그 마음이 있더라도 실제 실천하는 것과는 별개의 문제다. 나이가 들수록 자신의 관점이 아니고 타인의 관점에서 생각도 해야 하고, 나보다 타인의 아픔을 어루만져주는 사랑도 베풀 줄 알아야 한다. 격식을 따지고 형식에 얽매일 필요도 없다. 물질적인 것은 물론 정신적인 위안을 줄 수 있는 모든 것은 세상을 아름답게 빛나게 하는 등불이다.

조성희 대표 신간인《더 플러스》가 작년 여름에 출간됐다. 그 당시 서울에서 이분의 오프라인 교육을 직접 받게 됐는데 신간 다섯 권을 구입했다. 그리고 두 권은 대구지역에 알고 지내는 지인에게 줬고, 두 권은 인친으로 알게 된 분에게 보내드렸다. 다음은 인친 한 분과 주고받았던 메시지다.

'이목원입니다. 《더 플러스》오늘 발송합니다. 감사합니다'라고 메시지를 보냈더니 '작은 선물 하나 보내드리고 싶은데 주소를 알려주세요'라고 응답이 왔다. '아뇨, 마음으로 다 받았습니다. 온라인으로 맺은 인연, 책을 통해 같이 성장하면 전 만족합니다'라고 메시지를 보냈다.

며칠 후 내가 보내준 《더 플러스》 책을 받고 다음과 같이 메시지가 왔다.

"오늘 책을 받았어요. 친필사인까지 받은 책이라니 살면서 이런 행운은 처음 받아보는 것 같아요."

다시 그분에게 메시지를 보냈다.

"제 기분도 덩달아 좋네요. 우린 사회빚을 진 자라 생각합니다. 제가 전해준 마음, 또 다른 누군가에게 희망을 준다면 우리 삶은 더 행복하겠죠."

"네. 맞아요. 저도 벌써 다른 분에게 책을 선물로 전해 드렸어요. 선생님 말씀에 깊이 동감합니다. 사회의 한 구성원으로서 책임감 있게 살 수 있도록 애쓸 거예요. 알게 해주셔서 감사해요."

책 한 권의 효과가 나를 기쁘게 하고 사회에 선한 영향력을 끼치는 재료가 됐다. 이 일로 한동안 내 마음은 훈훈해졌다.

"세상의 모든 것은 하나로 연결돼 있음을 믿는다. 우연이란 없다. 모든 일은 서로 얽혀서 나에게 나타나기도 하고 나타나지 않기도 한다" 김상임 전문코칭가로부터 강점 수업을 받으면서 알게 된 나의 강점 중 하나다. 한 마디로 얘기하면 '연결성'이라는 강점이다. 나는 세상이 연결돼있다는 사실에 대해 절대적으로 공감한다. 당장 관계없는 사람이라고 해서 악하게 해서도 안 되고, 모질게 대해서도 안 된다는 것이 내 지론이다.

'총자산 500억 원, 사회기부 50억 원' 이것은 2030년 내가 목표로 하는 금액이다. 부자가 되기 위해 부자 마인드를 길러야 하고, 목표 금액을 언제까지 달성할 것인가를 구체적으로 적어야 한다. 이것은 부자 관련 책, 부를 성취한 부자들이 강연할 때마다 들었다. 그리고 최근에 내 목표를 구체적으로 설정했다. 설정한 목표를 어떻게 달성할 것인가는 나중의 문제라고 했다. 내 자산의 10%는 사회기부를 할 계획이다. 최초 목표는 1억 원을 기부해서 아너소사이어티 회원이 되는 것이다. 목표를 설정하고 공표하는 것만큼 나에 대한 확고한 실천 의지를 다지게 된다.

요즘 둘째 아들은 사춘기를 겪고 있다. 사춘기 전까지는 정기적으로 두 아들과 사회보육원에 봉사활동을 간 적이 있다. 나보다 더 어렵게 사는 사람들이 있다는 것을 직접 체험하면 아이들이 성인이 되어도 '타인의 아픔을 이해하고 베푸는 삶을 살 것이다'라고 생각했다.

어느 정도 효과가 있었는지는 장담할 수 없지만, 분명한 것은 사회에 어두운 곳을 직접 경험했다는 것에 큰 의의를 가진다.

물질적인 풍요와 개인화가 심화되는 사회에 타인을 배려하고 베푸는 삶이 더 필요한 시점이다. 베푼다는 마음만 있다고 될 일이 아니다. 특히 인생 전반기까지 살면서 베푼다는 것을 생각만 해왔던 것이라면, 이제 사랑을 조금 더 확장해야 한다. 내면에 잠들어 있던 사랑의 씨앗에 싹을 돋아나게 하자. 그 어떤 형식으로도 무방하다. 살아오면서 내가 가진 지식, 경험이 타인에게 힘과 용기를 줄 수 있는 것도 베푸는 것이다. 재능을 기부하는 것이다. 베푼다는 것도 습관이 되기 위해 행동이 우선돼야 한다. 사회를 따뜻하게 하고, 내 가슴을 훈훈하게 하는 것은 실천하면 할수록 삶의 일부분이 될 것이다.

가족에게
사랑받는 삶이
진정한 삶이다

"무학(無學)이란 말이 있다. 전혀 배움이 없거나 배우지 않았다는 뜻이 아니다. 많이 배웠으면서도 배운 자취가 없음을 가리킨다, 지식이 인격과 단절될 때 그 지식은 가짜요, 위선이다" 법정스님의 무학에 관련한 내용은 나를 성찰하는 데 늘 깨달음을 주는 문장이다. '책을 아무리 많이 읽은 사람도 책을 읽은 흔적이 없다. 향기가 나지 않는다. 아우라가 느껴지지 않는다'라고 생각된다면 문제가 심각한 것이다.

그동안 책을 많이 읽었다고 생각했음에도 둘째 아들을 훈육하는 과정에서는 많은 시련이 있었다. "너 오늘 학원에 안 갔어? 오늘은 피시방에 안 간다고 했잖아. 밥 먹고 꼭 양치해야지. 오늘은 왜 안 한 거야. 밥 먹고 난 후 설거지는 못 하더라도 치우기는 해야지!" 둘째 아들이 본격적으로 사춘기가 접어들면서 다툼이 자주 발생했다. 자녀의 생각, 행동 모든 것을 아버지의 틀, 사고 관념에 가둔다는 것을 알았다. 아들에게는 규율 규칙만을 강조했다. 그러다 보니 자녀와 소통은 고사하고 스트레스받는 날들이 지속되면서 가끔 화를 참지 못하고 폭발하는 일이 발생했다. 화를 내면 낼수록 자녀는 점점 더 통제선 밖으로 벗어나는 것을 깨달았다.

"가정은 자녀를 위해 스펀지 역할을 해야 한다. 각박한 세상에 자녀가 잘못하더라도 물을 빨아들이는 스펀지가 돼야지, 규율과 규칙의 엄격한 잣대만 대어서는 안 된다."

연세대 김주환 교수가 집필한 《그릿》을 감명 깊게 읽고 자녀를 대하는 생각과 태도를 완전히 바꾸게 되었다.

"자녀 교육에 정답이 있을까. 그 답대로 하면 자녀는 그 길로 갈 수 있을까" 인생에 정답이 없듯 상황과 조건 환경에 따라 인생도, 자녀도 다르게 진행된다. 모 연예인이 "골프와 자식은 마음대로 되지 않는다" 라는 말을 했다. 그만큼 자식 교육이 어렵다는 것을 방증하는 말이다. 사춘기 자녀 입장을 아무리 헤아리고 이해해도 다툼이 발생했다. 하지만 모든 것을 내려놓기로 한 결정적인 계기가 있었다. 앞서 얘기했듯 법정스님의 '무학' 그리고 정호승 시인이 얘기했던 '사랑'이라는 것을 깊이 깨달았기 때문이다.

"우리 인생의 목적은 돈, 명예 그리고 가족과 이웃에게 사랑을 받는 삶을 사는 것으로 얘기할 수 있습니다" 정호승 시인뿐만 아니라 김수환 추기경도 "머리에서 가슴까지 사랑이 내려오는 데 70년이 걸렸다"라고 얘기했다. 인류가 살아가는 근본적인 힘은 '사랑'이라고 생각했다. 그래서 내가 다짐한 것은 두 가지다. 아무리 책을 많이 읽어도 책 읽은 흔적이 없는 사람이 돼서는 안 되겠다. 또 하나는 '가족과 이웃에게 사랑받는 사람이 돼야겠다'라는 것이다. 돈, 명예가 아무리 중요하다고 하지만, 가족에게 존경받는 아버지, 사랑받는 아버지가 되지 못하면 다른 것은 의미 없다는 것을 깊이 있게 깨달았기 때문이다.

'나는 가족과 주변 사람으로부터 사랑받는 사람이 되자' 이것은 내 삶의 모토가 됐다. 일과의 모든 포커스를 사랑에 맞추며 생활하고 있다. 이렇게 했더니 마음도 더 편하다.

"아들은 사업스타일입니다. 지금 너무 걱정 안 하셔도 돼요" 둘째 아들 심리진단 테스트를 받은 적이 있다. 사춘기가 워낙 심했기 때문에 성격을 정확히 알고 싶었다. 시간이 지나면서 깨달은 사실이지만 가족 구성원들 성격이 완전히 다르다는 것을 알게 됐다. 가족을 이해하는 첫 출발은 이해와 배려다. 이것을 실행하기 위해서는 상대방 성격을 이해하는 것이 아주 중요하다. 요즘은 다툼이 줄어들었다.

가정은 사랑이라는 꽃을 활짝 피우게 하는 따뜻한 공간이 돼야 한다. 그러기 위해서는 따뜻한 말 한마디가 중요하다. 그 어느 가족이든 완벽하지는 않다. "나는 언제나 네 편이다"라는 것을 알게 해줘야 한다. 사랑한다는 말, 진심이 담긴 말을 하고 행동으로 표현하는 것이 중요하다. 나는 자녀가 집에 들어올 때 안아주고 사랑한다고 얘기했다. 사춘기가 되자 아들의 생각과 행동은 나를 힘들게 만들었다. 안아주고 사랑한다는 표현 자체가 쉽지 않았다. 처음에는 아들에게 반감 있었는데, 곰곰이 생각하니 아이 관점에서 단 한 번도 생각하지 않고 앞만 보고 살아왔던 자신을 발견하게 되었다.

아내 사별 당시 내가 아주 힘들었듯이 아들도 사춘기 힘든 시기를 '저 혼자 온몸으로 이겨내고 있구나'라고 생각하게 되었다. 아들이 잘못된 행동을 하더라고 이해하고 받아들이기 시작했다. 큰소리치거나 화낼 이유가 없어졌다. 내 안에 사랑이라는 싹이 많이 자라났음을 느낀다. 내가 사랑이라는 감정을 정성스럽게 보살피고 이해하는 마음을 가지다 보니 평안한 느낌도 함께 자라나고 있다. 사랑도 가꾸고 가꾸면 더 커진다는 말에 동의한다.

가정은 사랑이 살아 숨 쉬는 쉼터이자. 휴식을 취하는 아늑한 공간이다. 내 안에 잉태된 사랑의 씨앗도 상대에게 전달되기 위해서는 상호 존중과 편안한 분위기에서 잉태되는 것이다. 부모가 먼저 솔선수범하고 모범을 보여야 한다. 형식적으로 사랑한다고 100번 외치는 것보다 자녀 가슴속에서 진심으로 느끼게 하는 사랑을 심어 주는 것이 중요하다. 부모가 자녀에게 주는 사랑은 아무 이유와 조건이 없는 아가페 사랑이다. 자녀는 그 사랑을 먹고 자란다. 어떤 어려움과 시련이 있어도 가정은 사랑이 숨 쉬는 공간이 돼야 하고 그러기 위해서는 부모가 스스로 비워내고 다가가는 인내심과 배려가 필요하다.

말은 1분,
경청은 2분,
공감은 3번!

'상대방이 말하는 도중에 불쑥 내 얘기하기, 대화하는 도중에 말을 끊고 내 얘기하기. 상대방 얘기는 건성으로 듣고 화제를 다른 곳으로 돌리기. 사사건건 상대방 얘기에 부정적인 얘기하기. 휴대전화 통화 후 상대방이 대화가 끝나지 않았는데 먼저 전화 끊기' 평소 뿌리 깊게 습관으로 자리 잡은 나의 잘못된 대화법이었다. "자네는 왜 상대방이 말하는데 다른 얘기를 하는 건가" 직장 상사로부터 이런 질타를 받은 적도 많았다. 특히 휴대폰, 전화 통화할 때 상대방보다 전화를 먼저 끊는 바람에 어떨 때는 전화기 너머로 음성이 들릴 때도 있었다. 다음부터 그러지 않아야지 하면서도 무의식 중에 이런 행동이 반복돼 일어났다. 인간관계의 가장 기본이 경청인데도 과거 나의 행동 습관은 경청과는 거리가 있었다.

5장 | 일상의 감사가 인생 후반기 기적을 낳는다

'이청득심'이라는 말은 들음으로 상대방 마음을 얻는다는 얘기다. 나의 편견과 아집을 접고 귀를 기울여 경청하는 것이 사람을 얻는 최고의 지혜다. "아, 이건 이게 아니고 이 사람아. 이건 이게 맞아" 상대방 말이 끝나기도 전에 참지 못하고 자기주장을 펼친다. 과연 내가 아는 지식과 정보가 가장 정확한 것일까. 내가 아는 지식과 정보는 내가 그동안 평생 학습한 것과 나의 경험의 산물이다. 이것이 세상에 존재하는 지식과 정보의 양으로 비교하면 어떨까. 아마 한 점 티끌도 되지 않을 만큼 미약할 것이다. 그 분야에 아무리 전문가라 하더라도 100% 답이 아니라는 것이 세상 진리다.

그동안 책을 읽으면서 내가 아는 정보와 지식을 인류가 축적한 지식 총량과 비교하면 한 점 티끌보다 적다는 것과 그 어떤 전문가라 할지라도 그 내용이 완벽하지 않다는 것을 인식해야 한다고 생각했다. 이것은 하심이다. 나를 낮춤으로 겸손해진다. 그 어떤 논쟁도 내 주장이 너무 강하면 부러지게 돼있다. 대화는 가장 적절하게 하는 테크닉도 필요하다. 아무리 맞는 이론도 결국 그 이론이 정확하다 하더라도 상대방 마음을 움직이지 못한다. 부부싸움을 하거나 자녀에게 훈육할 경우 내 주장이 분명 맞더라도 상대방 자존심을 한없이 구긴다면 마음을 얻지 못하는 것과 똑같은 이치다.

그래서 가정이든 사회생활이든 대화를 할 때 무조건 나의 주장을 펼치지 않는다. 상대방 상황을 봐가며 얘기한다. 상대방 말이 사리에 맞지 않아도 절대 상대방 자존심에 상처를 주지 않으려고 노력해야 한다. 그러기 위해서는 간접적인 대화법을 사용한다.

대화의 기본으로 123법칙이 있다. 말은 1분, 경청은 2분 동안 하며 상대방 대화를 들을 때는 3번 이상 고개를 끄떡이든지 공감하는 액션을 하라는 얘기다. 베이비부머 세대나 그 이전 세대는 경청에 대한 기본 지식을 배우는 기회가 적었다. 나 또한 경청의 기본을 이해하고 실행한 것은 오래되지 않았다. 경청이 안 되는 이유는 다음과 같다.

1. 교육을 받지 않았다.

2. 굳이 기억할 필요가 없는 정보 홍수 시대에 살고 있다.

3. 내 안에 많은 생각이 살고 있다. 각종 소음에 지쳐있으며
   내 안에는 수많은 종달새가 살고 있다.

4. 인간의 본능은 듣는 것보다 말하는 것이다.

2018년 스피치 과정 교육을 받을 때 조신영 작가가 집필한 《경청》을 읽고 난 이후부터 많이 바꾸려고 노력했다. 특히 경청이 대인관계에서 가장 기본이 된다는 사실을 알고 난 이후부터 어떤 언쟁에서도 직접적인 충돌은 피하려고 노력한다. 특히 제일 난제로 여겨졌던 자녀와의 대화에서도 충돌을 피하려고 노력하고 있다. 아들이 극도로 흥분해 목소리가 높아지면 그 순간 일절 대응하지 않고 왜 흥분하는지 아들 입장에서 생각하며 마음을 이해하려고 침묵했다. 침묵은 정말 어렵다. 내 안에 올라오는 화의 감정도 누그러뜨려야만 하기 때문이다. 그래도 의식적으로 노력한 덕분에 자녀와의 마찰이 줄어들고 있다.

흔히 꽉 막힌 사람이라 얘기하는 사람들은 경청 자체가 잘 안 되는 사람들이다. 고정관념이 오랫동안 굳어진 사람도 경청에는 불리하다. 뭔가 새로운 사실에 대해 받아들인다는 것은 이분들에게는 쿠데타처럼 충격이 될 수 있다. 특히 나이가 들면 들수록 사고가 경직될 수 있다. 원래 만났던 사람이 익숙하고, 새로운 것은 배우기 두려워서 기존 지식의 틀에서 움직이기 쉽다. 그러므로 얘기 소재도 내 경험과 지식의 틀 안에서 이뤄진다.

"신기술의 변화는 35세가 되기 전까지는 우리를 흥분시키는 데 반해 35세 이상에겐 당황하고 난처하게 만든다" 피터 드러커와 톰 피터스 등과 함께 세계를 움직이는 사상가 찰스핸디(Charles Handy)가 한 말이다. 나이가 들수록 의식적으로 새로운 것을 받아들이지 않으면 사고도 경직될 수밖에 없다는 것을 잘 설명한 말이다. 내가 변한다는 것은 내 것을 버리는 것이다. 내 안에 굳어져 있는 묵은 찌꺼기는 물론이고, 내가 찌꺼기라고 생각하지 않았던 것까지도 버려야 한다.

삼성을 세계적인 초일류 기업으로 성장시킨 이건희 회장은 "부인과 자식 빼고는 다 바꾸라"는 유명한 말을 남겼다. 나이가 들수록 내 것을 버리는 것이 삶의 지혜다. 말을 줄이고 침묵하는 생활을 즐긴다면 인생 2막의 삶이 더 풍부해진다.

인생 후반기는
용서와 사랑이
필요한 나이

벼는 익을수록 고개를 숙인다. 자연은 우리에게 어떻게 살라고 하는지 말없이 가르치고 있다. 사람도 나이가 들면 벼처럼 고개를 숙여야 한다. 하지만 나이가 들어도 고개를 숙이지 않고 뻣뻣한 사람이 있다. 무례한 사람이라 한다. 흔히 내가 잘난 맛으로 세상을 살아간다는 식이다. 고개를 숙인다는 것은 식물로 치면 열매가 익었다는 것을 의미하는 것이요, 사람으로 치면 성숙의 단계에서 세상 이치를 몸소 깨달으며 인생의 열매를 맺는 시기로 볼 수 있다.

사무실에서 근무하다 보면 한 번씩 고성이 오가며 언쟁을 하는 경우를 본다. 민원인과 다투거나 직원들 간의 언쟁이다. 다툼이 많은 사람은 평상시 몸에 그런 습관을 품고 있을 수가 있다. 이해관계가 충돌된다고 큰소리치고, 상하 지위관계를 이용해서 무례한 행동을 하는 것

모두가 상대방을 이해하고 배려하는 마음이 없다. 소통의 문제다. 이제는 수직적 소통보다 수평적 소통 시대가 돼가고 있다. 수평적 소통에는 상호 관심과 배려 그리고 사랑이 필요하다. 혹여 사소한 실수가 있더라도 용서하는 마음도 필요하기 때문이다.

내가 낮아지면 남이 나를 우러러본다. 불교 용어로 하심이다. 나를 낮춤으로 상대방을 배려하는 마음이 담겨 있다.

"○○광역시장이 갑자기 땅바닥에 엎드려 큰절을 올렸다. 코로나19와 싸운 의료진을 응원하는 행사에 참석해서 '감사의 큰절'을 올린 것이다. 성 오거스틴은 사람들에게 교만을 경계하고 겸손을 가까이할 것을 역설했다. 겸손은 하늘에 오르는 사다리의 첫째 계단이다. 겸손은 널뛰기 원리다. 내 위치를 낮추면 낮출수록 상대는 더 높이 올라간다. 높이 올라간 상대방 에너지가 고스란히 되돌아오는 식이다." 작년 7월 모 일간 신문에 보도됐던 기사다.

나를 낮추고 상대방을 올리는 것은 상당히 어렵다. 나를 낮춤으로써 상대를 올라가게 하는 널뛰기와 비교한 것은 아주 적절한 표현이라고 생각한다. 나의 존재가치를 내려놓는 것은 결국 나를 더욱 높은 곳으로 올려놓는 길임에도 쉽게 되지 않는다. 인간은 주변 사람들과 선한 영향력을 주고받는다. 주변에 겸손과 미덕을 갖춘 사람이 많이 있다면 그것을 은연중에 배운다. 마치 난초에서 피어난 꽃 한 송이의 은은한 향기가 바람을 타고 살포시 퍼져나가 주변에 영향을 주는 것과 같다.

"김 대리, 이건 이렇고 저건 저렇게 되는 거야. 내가 몇 번을 얘기했는데 왜 그렇게 한 거야. 김 대리 때문에 스트레스가 쌓여!" 회사생활을 하면 사사건건 따지기를 좋아하고, 끝까지 자기주장을 관철시키는 사람이 있다. 아니면 사소한 것이라도 사리에 맞지 않으면 지고는 못 배기는 성격을 가진 사람도 있다. 어쩌면 이런 유형 모두 관계 형성에는 피곤한 스타일이다. 한때 나도 따지기를 무척 좋아했다. 아무리 사소한 것이어도 틀린 것이 있다면 반드시 상대방을 설득하는 성격이었다. 특히 신혼 시절 가족에게는 더욱더 엄격한 잣대를 적용한 적이 있었다. 그러다 보니 부부싸움도 자주 했다. 자녀들과도 소통보다는 수직적인 관계가 형성됐다. 규율과 규칙을 준수하는 데 급급했다. 내 안에는 완벽주의 습관이 묻어 있었다.

"사람은 조금의 어리숙한 여백, 허점이 있어야 한다"《고수의 질문》을 써낸 한근태 박사가 한 얘기다. 완전함보다는 조금의 어눌함이 관계 형성에 중요하다는 뜻이다. 부부싸움도 그렇고 자녀에게 하는 훈계도 마찬가지다. 상대방을 몰아세웠더니 결국 그것이 어떤 형태로든지 되돌아오게 되는 것을 경험했다. '모난 돌이 정 맞는다'는 것과 같은 이치다.

"여러분, 인생의 황금기는 언제인지 아십니까. 바로 60세부터 75세까지입니다. 이때를 잘 보내기 위해 50대부터 준비해야 합니다" 2019년 대구 문화예술회관에서《백년을 살고 보니》의 저자 김형석 박사가 특강을 했다. 수많은 청중이 기립박수로 맞이한다. 1920년생으로 101세가 된다. 그동안 살아왔던 삶의 아우라를 외형에서 느낄 수 있었다. 행복과 웃음을 꽃피우기 위해 살아왔던 삶의 흔적이 보였다.

박사가 살아온 길은 용서하고 사랑하는 마음이 있었을 것이다.

50대부터 용서와 사랑하는 마음을 길러 나가자. 묻지도 말고 따지지도 말라는 얘기가 있다. 사사건건 토를 다는 것도, 참지 못하는 성격도 모두 마음에서 비롯된다. 용서하는 마음, 사랑하는 마음은 말로 형성되지 않는다. 의식적으로 훈련해서 습관이 될 때까지 실천해보자. 마음속에 잠들어 있는 용서와 사랑하는 마음을 꺼내어 실행할 때만이 변한다.

빛을 만드는 사람,
그림자를 만드는 사람

"하나님 아버지 감사합니다. 오늘도 저희에게 일용할 양식을 주셔서 감사합니다" 군 생활을 할 때 종교생활을 한 적이 있었다. 군 생활 이후에도 상당기간 교회를 다녔다. 돌이켜 생각해 보면 교회나 가톨릭 등 종교 생활의 기도에서 작용하는 큰 힘의 원리는 '감사하다'라고 생각했다. 어떤 일이든 의식하지 않고 절대자에게 '감사하다'라는 것을 말함으로써 엄청난 힘이 생겨난다. 명상하는 것도 감사함이 내포돼있다. 조용히 마음의 흐름을 관찰함으로써 부정적인 생각을 비우고 감사한 마음으로 전환하는 효과가 있기 때문이다. 교회에서 기도하며 '감사하다'라는 표현을 얘기할 때 '도대체 무엇이 감사하다는 거지' 하며 의문을 품을 때가 너무나 많았다. 기도 처음이든 후반부든 감사한 표현을 잊지 않고 한 것 같다. 20, 30대에는 '감사하다'라는 진정한 의미를 몰랐다. 50대가 되면서 감사한 마음의 진가가 무엇인지 어렴풋이 알 것 같다.

긍정적인 사람과 부정적인 사람은 말투와 태도, 행동에서 나타난다. 긍정적인 사람은 감사한 마음과 생각이 내재돼있다. 긍정 마인드는 긍정적 에너지를 많이 만든다. 반면, 부정적인 마인드는 부정을 확대 재생산한다. "김 팀장은 사사건건 늘 토를 달고 이유가 많아. 매사에 부정적이야. 얼굴은 늘 굳어 있고, 불만이 쌓여 있는 사람으로 보여", "○○부서 이 팀장은 늘 웃는 인상이고 말도 부드럽고 매사에 긍정적이네. 지난번 교육을 한번 같이 받았는데 배워야 할 부분이 많은 사람인 것 같더라고. 다음에 꼭 같이 근무하면 좋을 사람이야" 회사에서 일하며 만났던 사람이 하는 얘기를 사례로 들어봤다. 긍정적인 사람과 부정적인 사람은 확연히 다르게 나타난다. 결국, 그 사람 인생에 빛과 그림자를 만든다.

긍정과 부정의 에너지가 만나면 부정이 긍정을 다 집어삼키는 효과가 있다. 마치 화염과 같다. 부정적인 생각은 아무 노력 없이도 자연스럽게 다가온다. 긍정의 싹이 돋아날 때 부정적인 사람을 통해 영향을 받으면 긍정은 순식간에 사라질 수 있다. 고통과 행복이 동전의 양면처럼 공존하듯, 감사함과 부정적인 감정도 공존한다. 감사함의 최대 적은 근심, 걱정, 두려움, 분노의 감정이다. 감사함의 뒷면에 늘 숨어 호시탐탐 감사함을 집어삼킬 기회를 노린다.

기도와 명상은 마음을 다스리는 최고의 방법 가운데 하나다. 감사함을 말하고, 적고, 적은 것을 여러 사람과 함께 공유하는 것은 감사함을 체화할 수 있는 최고의 방법이다. SNS에서는 감사함을 주제로 많은 단톡방이 있다. 1. 호흡하기 5분 2. 긍정 확언, 3. 감사하기 다섯 개적어 올리기. 내가 잘 알고 지내는 지인이 운영하는 단톡방 미션 내용이다. 이곳에서는 매일 세 가지 미션을 수행해서 올리고 있다. 그중에 감사한 것 다섯 개씩 적어 올리는 것이 가장 좋은 영향력을 주고받는다. 감사함에서 긍정의 힘이 발생하기 때문이다.

"감사는 결코 졸업이 없는 과정이다." — 발레리 엔더스

"감사하는 마음은 행복으로 가는 문을 열어준다." — 존 템플턴

작년에 둘째 아들이 고등학교에 입학했다. 사춘기로 몹시 혼란스러운 나날을 보내고 있을 때였다. 아이는 상상 이상의 행동을 하며 내감정을 건드렸다. 심지어 내 자존감에 심한 상처를 남길 때도 있었다. '아들의 미래가 걱정됐다. 장차 무엇을 할지 불안했다. 아버지한테 무례하게 하는 게 문제다. 인성교육이 제대로 안 되어 있는데, 앞으로 탈선할 것이 두렵다'라는 불안과 근심이 마음속에서 떠나지 않았다.

그러던 중, 자녀 코칭 과정과 주변 사람을 통해 생각과 태도를 바꿔보기로 했다. '지금 내 곁에 온전하게 살아있다는 것 자체가 감사하다. 한 부모 가족으로 건강하게 자란 것 자체만으로 감사한 일 아닌가? 지

금 현재의 문제는 문제가 아니다. 먼저 된 자 나중에 추락할 수 있고, 먼저 추락한 자가 나중에 성공할 수 있다. 인생에서 길고 짧은 것은 지나봐야 한다'라고 생각하며 긍정적이고 감사한 마음으로 방향을 전환했다. 그랬더니 둘째 아들을 대하는 태도도 바뀌었다. 그동안 가지고 있던 부정적 감정이 줄어들기 시작했다. 또한, 어떤 과격한 행동을 하더라도 부정적 에너지가 전달되지 않게 됐다. 시간이 지나면서 과격한 행동도 서서히 줄어들기 시작했다. 감사의 효과는 생각과 행동에 큰 영향을 준 것이다.

감사의 힘이 엄청나다는 것은 감사함을 생활화한 분들을 통해 증명된다. 시중의 수많은 감사 관련 책들이 그 사실을 말해준다. 내가 잘 알고 있는 ○○기업 대표가 실시하는 교육을 받을 때 일이 생각났다. 그분이 지금까지 살면서 100가지 감사한 것을 적어보라고 했다. 100가지를 적어 봤더니 감사함이 몸소 체화되는 효과가 나타났다. 인생 후반기의 감사함은 호흡하는 공기처럼 소중한 자원이다. 감사함은 생활의 에너지가 되기 때문이다.

가족은 세상을
아름답게 하는
보석이다

"아버지 용돈 좀 주세요", "응, 뭐하게?", "과자 좀 사 먹으려고요", "아니, 어제 사 먹었잖아. 매일 사 먹으면 어떻게 해. 오늘이 이번 주 마지막이다" 하고 다짐을 받았지만 둘째 아들은 다음날 또 용돈을 달라고 했다. 이런 일도 있었다. "아니 오늘은 왜 학원을 안 갔어. 또, 피시방 갔지?"라고 물었더니 "닥쳐!" 하며 되받아친다. 갑자기 밑도 끝도 없이 둘째 아들의 입에서 폭탄 발언이 나온다. 순간 머리끝으로 피가 역류하듯 화가 치솟는다.

"아니 방 정리도 전혀 안 하고, 씻지도 않고 엉망이네. 왜 먹은 과자 봉지를 안 치우는 거야?"라고 물으면 "정리하겠습니다" 하며 방안에 먹은 것들이 쌓여 간다. 둘째 아들과 대화하면 먹는 것, 집안 생활, 피시방 아니면 학원, 학교 문제가 대화 재료가 되어 충돌이 자주 발생

한다.

"생일 선물로 스타벅스 카드를 받았어요. 쓰실래요?" 첫째 아들로부터 2만 원짜리 스타벅스 쿠폰을 받은 적이 있다. "종일 집에 있으면 답답하지 않아? 바람도 쐬고 하지?"라고 물으면 "괜찮아요"라고 한다. 첫째 아들은 조용하다 못해 아주 과묵한 스타일이다. 카공족도 아닌, 집콕족이다.

나는 새벽 4시 기상, 밤 11시 수면을 한다. 주말 포함 거의 매일 규칙적인 생활을 한다. 인생 2막에 대해 어떻게 살지 고민하고 또 고민한다. 책도 읽고 건강을 위해 규칙적으로 운동도 한다. 시간을 허투루 쓰지 않으려고 노력한다. 이런 나의 행동이 두 아들에게 좋은 영향을 준다고 생각하지만, 두 아들은 나와 동떨어진 행동을 한다. 독서에는 관심도 없다. 규칙적인 생활도 하지 않는다. 그러나 두 아들의 행동에 대해 걱정하지 않는다. 아버지와 아들의 정신세계는 확연히 다를뿐더러, 성격도 완전히 다르다는 것을 이제는 알았기 때문이다. 사정이 이렇다 보니 대화 자체가 잘되지 않는다. 특히 둘째 아들이 심한 사춘기를 겪고 있기에 소통이 더 어려운 상태다.

내 가족에게는 소통의 창구가 필요했다. 그래서 택한 것이 여행과 외식이다. "이번 휴가는 2박 3일간 호캉스 하자" 애들한테 선언하고 해운대 지역에 있는 호텔 두 곳을 예약했다. 첫째 아들은 기대에 부푼 생각으로 들떠 있는 것 같았지만, 둘째 아들은 관심이 없다가 휴가 날짜가 임박해지자 기대에 부풀었다. 각자 스타일이 다르다는 것을 알기에 개의치 않는다.

외식 또한 사막의 오아시스처럼 우리 가족의 소통창구가 되고 있다. "이번 주말은 중국 요릿집에 가보자. 지난번 아빠가 지인이랑 갔는데 엄청 맛있었어"라고 애들한테 제안했다. 먹는 것은 반응이 뜨겁다. 곧바로 피드백이 온다. 특별한 일이 없는 한 주말마다 맛집 탐방을 한다. 식사하면서 자연스럽게 대화를 한다. 뻑뻑해진 기계에 기름이 주입되는 느낌이다. 자녀와 소통하기 시작한 것은 불과 몇 달이 되지 않았다. 그 전에는 꽉 막힌 그야말로 소통 자체가 안 되는 상태였다. 하지만, 내 생각을 바꾼 결정적 계기가 있었다. 스스로 가족에 대한 정의를 다시 내렸기 때문이다.

"돈이 많고 명예를 많이 얻는 사람도 가족과 이웃에게 사랑을 받지 못한다면 어떻게 될까?" 그런 사람은 인생을 잘 살았다고는 얘기할 수 없을 것이다. 제아무리 명성이 높고, 돈을 많이 벌었더라도 이웃과 가족에게 인정받지 못한 삶은 무의미하다는 것을 깨달았다. 만약 가정이 무너진다면 가장 큰 책임은 가장인 내게 있다고 생각했다. 그래서 내린 결론은 가정은 어떤 이유를 불문하고, '따뜻하게 쉴 수 있는 공간이 되어야 한다'는 것이었다.

"힘들 때 힘들다고 부모에게 얘기하는 자녀가 있다. 때로는 친구처럼 지내면 얼마나 좋을까?"라는 생각을 해봤다. 아직은 자녀와 소통하면서 이런 단계까지 되지 않았다. 화목한 분위기 조성을 위해 부모가 솔선수범한다면 충분히 가능하다는 생각이다. 세대 차이를 극복하고 때로는 친구처럼 대화할 수 있는 가정은 큰 축복이다. 하지만 그러한 가정도 처음부터 잘된 것은 아니라고 생각한다. 그 중심에는 가정을 책임지고 있는 부모가 아주 중요한 역할을 했다고 본다.

"사랑은 가장 가까운 사람, 가족을 돌보는 것에서부터 시작된다."

-마더 테레사

매일 일기 쓰기는
마음가짐을 점검하는
훌륭한 도구

"60세가 되던 1995년. 나는 어떤 의미 있는 일을 해볼까 생각한 끝에 특별한 기록을 남기기로 했다. 예순 살의 한 해를 날마다 꼬박꼬박 기록해 보기로 한 것이다" 이근후 박사가 집필한 《나는 죽을 때까지 재미있게 살고 싶다》에 나오는 얘기다. 그리고 그는 1년간 작정하고 일기를 써 보라고 했다. 이 분은 1934년생이다. 지금도 강연, 봉사활동 등으로 인생 후반기를 왕성하게 보내고 계신다.

나는 이 책을 읽고 난 이후인 2019년 8월 15일부터 작년 8월 14일까지 단 하루도 거르지 않고 1년 동안 일기를 썼다. 작정하고 쓰면 어떤 효과가 있을까. 어떤 느낌일까 참으로 궁금했다. 분량으로는 매일 대학노트 반면을 차지할 정도로 평균적으로 적었다. 반드시 양에 구애받는 것도 아니었다. 매일 적는다는 부담은 있었다. 그렇다고 스트레스는 받지 않았다. 매일 적지 못할 때는 하루 이틀 소급해서 적었기 때문에 큰 부담은 없었다. 어쨌든 이러한 과정을 반복하게 되면서 알게 된 것은 일기는 '내 안을 더 자세히 들여다 볼 수 있는 계기'가 됐다는 점이다. 덕분에 내면에 잠자고 있는 자아와 대화도 할 수 있었다. 글로 표현하면서 하루하루 감정 상태를 정확하게 알게 됐다. 부정적인 감정이 있으면 치유효과도 나타났다. 부정보다 긍정의 싹이 움트게 됐기 때문이다. 감사한 마음도 동시에 돋아났다.

어느 날 우연히 집안 정리를 하다가 초등학교 때 적었던 일기장을 발견했다. 몇 페이지를 읽어 봤다. 기억 속에 잠자고 있던 흔적들이 돋아났다. 일기를 읽으면서 어린 시절로 되돌아갈 수 있었기 때문이다. 나는 초등학교 5학년부터 대학교 졸업 때까지 총 12년간 자취생활을 했다. 중학교 1학년까지는 형님과 같이했고, 그 이후부터 대학교를 졸업할 때까지 혼자 생활했다. "콩나물 100원어치, 두부 한 모 주세요" 하고 집 근처로 바가지를 가지고 사러 갔던 기억이 생생하다. 생계를 위한 다양한 음식을 만들어 먹었다. 김치를 직접 담가 먹기도 했다. 연탄불이 꺼져 냉방에서 밤새 떨며 잠을 설치기도 했고 연탄가스에 살짝 중독된 적도 있었다. 석유 곤로 그을음으로 냄비를 까맣게 만들기도 했다. 일기장에는 자취생활의 향수가 낱낱이 적혀있다. 대학교 졸업 때까지 일기를 매일 적기도 하고 어떤 때는 간헐적으로 적었다. 자취생활 12년엔 고독과 그리움, 결핍, 자존감 약화 등 많은 인생 스토리가 담겨있다. 그때는 힘들고 괴로웠던 아픔이었지만, 지금은 마음에 향수로 자리잡고 있다.

지금 생각해 보면 일기를 적을 수밖에 없는 환경이었다. 혼자 오랫동안 생활해왔던 환경은 나 자신을 돌아보게 했고 그것을 일기로 적었다. 일기는 내면의 근육을 단련시키는 효과가 있었다. 아내 사별 후 복잡한 마음을 일기로 풀어냄으로써 평안한 마음으로 전환하는 데 큰 힘이 된 것 같다.

일기가 주는 또 하나의 좋은 점은 글쓰기 능력이 향상되는 데 있다. 일기를 쓰는 데는 형식이 없다. 내가 생각나는 대로 적는 것이다. 어떨 때는 양이 많아지고 어떤 때는 분량이 조금 적더라도 누군가 뭐라 하지도 않는다. 자유 느낌 그대로 적다 보면 문장도 처음보다 훨씬 발전한다. 일기는 뭐니뭐니해도 반성과 성찰이다. 이것을 통해 어제와 다른 내일을 만들 수 있다. 서울대 김난도 교수가 집필한 《트렌트 코리아 2020》에서 언급한 이른바 '업글인간'이 될 수 있다. 업글인간은 타인보다 나은 삶이 아닌, 어제의 나보다 더 나은 삶을 사는 사람을 말한다. 타인과 비교하면 불행해지지만, 어제의 나와 비교해서 성장하기 때문에 상처받을 일이 없다.

"오늘은 오랜만에 아는 지인들과 술을 마셨다. 지인들과 술을 마시다 보면 분위기가 무르익어 자칫 술을 많이 마시게 될 때가 있다. 당연히 다음 날 아침 기상 시간이 늦어진다. 숙취 때문에 머리가 아팠다. 몸 컨디션이 말이 아니다. 술을 많이 마시지 말아야 하는데 생각했지만 조절이 안 된 것 같다. 다시는 반복되는 행동을 하지 않겠다고 나 자신을 채찍질한다" 내 일기에는 술을 마시고 후회하며 적은 것들이 있다. 많이 마시지는 못하지만 마시고 여흥을 즐기는 것은 좋아하기 때문이다. 일기를 적지 않으면 내가 어떤 상태인지 분간할 수 없을 때가 있다. 일기를 적으면 실수도 줄이고 절제할 수 있는 효과가 분명히 있다.

일기는 내가 살아온 역사적인 자료가 된다. 연령대별로 내가 어떻게 살아왔는지를 알 수 있다. 일기는 하루 생활을 조절하는 도구도 된다. 의미 있는 삶을 살 수 있게 해준다. 일기는 나를 바로 볼 수 있는 거울이다. 그래서 일기를 적는 습관은 인생 2막을 준비하는 데 중요한 도구가 된다.

"일기란 그날 하루의 중요한 견문, 처리사항, 감상, 사색 등을 적은 사생활기로 자신이 오늘 보낸 시간에 대한 것들을 글로 옮겨 적으며 스스로 반성하는 수필이다."

"일기는 사람의 훌륭한 인생 자습서다."

– 이태준의 《문장 강화》

시간의 종이 되느냐,
리더가 되느냐

"홍도야 울지 마라, 오빠가 있다~" 막걸리 한 잔에 부추 부침 그리고 트로트 멜로디를 흥얼거리며 삶의 애환을 달래는 장면은 영화나 드라마에서 자주 봤다. 바로 서민들 삶의 즐거움이자 행복이기 때문이다. 어린 시절 시골에서 자랄 때 나이 많은 어른들이 술과 노래를 통해 여흥을 즐기는 모습을 많이 봤다. "과연 이렇게 사시는 분들의 꿈은 무엇일까"라고 생각해봤다. 아마도 자식 잘되고, 몸 건강하며 행복하게 사는 소박한 희망이 대부분이었을 것이다. 그렇게 살았던 것이 그 시대의 모습이었다.

세월이 흘러 환경이 급격하게 바뀌면서 많은 것을 바꿔 놓았다. 자식을 위해 노후자금을 무작정 주는 부모들이 점점 줄어들고 있다. 이제는 평생 모은 퇴직금을 헌납하다시피 하는 부모는 거의 없다. 은퇴 후 가장 경계해야 할 말 중 하나는 '퇴직금을 자식에게 알리지 마라'는 말이라고 한다. 최근 모 지방신문사 주관으로 퇴직자 교육을 받은 적이 있다. 강사는 "퇴직금을 일시불로 받으면 100% 실패한다"라고 얘기했다. 그러면서 강사가 만났던 퇴직자 가운데 일시불로 퇴직금을 받는 분들은 100전 100패했다고 한다. 퇴직자금이 자식에게 전이됐거나 사업자금 등의 사유로 퇴직금이 소진됐다는 것을 뜻한다.

자식의 미래는 걱정하되 노후생활은 퇴직자 스스로 준비하는 환경으로 바뀌고 있다. 자식에게 재정적 의지를 기대하는 사회 분위기가 없어지는 추세다. 최근 여론 조사에 의하면, 자식이 반드시 부모를 모셔야 한다는 응답은 점점 줄어들고 있다는 기사를 본 적이 있다. 노후는 국가에서 책임져야 한다는 의견도 많이 있었다.

사회 환경이 바뀌는 분위기에서 기성세대가 살아왔던 것처럼 단순 소박한 노후생활을 답습하며 살아갈 수만은 없다. 무엇인가 주도적으로 배우고, 내가 생각했던 꿈을 펼칠 수 있는 계기를 만들어야 한다. 그렇게 하려면 시간에 끌려다니지 말고 시간을 능동적으로 활용할 수 있어야 한다.

"매일 아침 눈을 뜨는데 그날 꼭 해야 할 일이 없는 것만큼 괴로운 것이 없다."   – 이시형 《어른답게 삽시다》

기성세대는 이러한 환경을 처절하게 경험했다. 그리고 인생 2막을 준비하지 못했던 것을 후회하는 분들을 많이 봤다. 작년 하반기 은퇴

1년을 앞둔 회사 동료분들에게 "퇴직 전 언제부터 은퇴 준비를 해야 하는가'라고 물었더니, "50대 중반 전, 후로는 무조건 해야 한다"라는 얘기를 가장 많이 했다.

《나는 죽을 때까지 재미있게 살고 싶다》 책을 집필한 이근후 박사는 "나이듦도 연습과 준비가 필요하다"라는 얘기를 했다. 결국 은퇴 후 시간에 끌려다니지 않기 위해서는 퇴직 전에 부단한 자기노력이 필수적이다. 시간과 돈을 투자해 배워야 한다. 배움이라는 습관이 한 번에 만들어지지 않기 때문이다. 배우는 습관을 들인다면 노후에 얼마든지 시간에 끌려다니지 않는 삶을 살 수 있다. 내가 즐겁게 배우고 싶은 것, 내가 하고 싶은 것을 성취하는 것만큼 행복한 것은 없다. 배움을 통해 인생은 더 가치 있게 다가오기 때문이다.

공원이나 유원지 등에 보면 나이가 50대 전후밖에 되지 않은 것 같은데 노인들과 어울려 내기 장기, 바둑 등을 하며 하루하루 보내는 분들이 많이 있다. 가히 충격적이다. 생각하지 않고 시간에 끌려 살아간다면 인생 2막은 추락할 수밖에 없다. 내 안에 변화를 거부하는 습관이 있으면 과감히 제거해야 한다. 사고의 틀, 행동의 틀, 습관으로 만든 현재 환경을 벗어나야 한다. 그렇지 않다면, "오늘은 또 어딜 가지" 하며 갈 곳 없는 날이 올 수 있음을 명심해야 한다.

사람은 나이가 들수록 좀처럼 바뀌지 않는 것이 그동안 살아온 생활습관과 사고방식이다. 시간을 리드하며 살기 위해서는 내가 가진 환경을 점검하자, 내가 만나는 사람을 점검하자. 마음가짐과 생각만으로 시간을 효율적으로 사용하기 어렵다. 변화는 마음에서 시작하고 환경에서 습관이 만들어진다.

주위를 돌아보면 시간을 가치 있고 의미 있게 보내는 분들이 많이 있다. 이런 분들을 자주 만나야 한다. 혼자만의 결심으로 바뀌는 것은 한계가 있기 때문이다. 100세 시대가 펼쳐짐에도 불구하고 여흥만을 즐기면서 살아가기에는 인생 후반기가 너무 길다. 무엇을 준비하든지 가치 있는 곳에 많은 시간이 할애되어야 인생이 풍요로워진다.

작년 2월 시작된 코로나19는 세계를 올스톱시켰다. 코로나19가 이렇게 엄청나게 큰 파괴력이 있다는 것을 알지 못했듯이 코로나 발생 후 세상이 어떻게 바뀔지 정확히 알 수 없다. 다만 예측만 할 뿐이다. 분명한 것은 코로나 이전으로 되돌아가지는 않는다는 것이다.

코로나로 이미 세계는 언택트 문화가 일상화되면서 온라인에 기반을 둔 디지털 문명으로 더욱 가속화되고 있다. 세상은 한 치 앞도 예상할 수 없을 만큼 변화의 소용돌이 속에 있다. 테슬라 CEO인 일론 머스크는 국제우주정거장에 유인 우주선을 발사했고, 4명의 우주 비행사들은 6개월 동안 이곳에 체류하며 다양한 연구 활동을 하고 있다. 최근 이들이 우주에서 채소를 재배해서 섭취한다는 뉴스를 본 적이 있다. 작년 말 여의도, 대구 수성못에는 드론 택시 시범 운행이 있었다. 우주를 여행하고 드론 택시를 타고 이동하는 시대가 머지않아 도래될 것이다. 이처럼 과학기술도 빠르게 급변하고 있다.

이미 우리 사회 주류층은 80년대부터 2000년 사이 태어난 MZ 세대로 급격하게 이동하고 있다. 금융, 방송, 유통, 일자리, 교육, 의식주 등 산업생태계의 대변혁이 일어나고 있다. 방송 시청률, 신문 구독률이 떨어지는 등 기성세대가 누려왔던 삶의 보편적 기준이 바뀌고 있다. 《CHANGE 9》을 집필한 최재붕 교수는 '내 생각의 기준을 바꾸는 어려운 길을 가야 한다'고 일갈했다.

삼성그룹 전임 회장이었던 이건희 회장의 경영 화두 중 하나는 '마누라와 자식 빼고 다 바꾸라'였다. 변화와 혁신을 강조한 것이다. 삼성전자 종합기술원 회장을 역임한 권오현 회장도 《초격차》에서 '번데기가 나방으로 변신하지 않으면 비대해져 새의 먹잇감이 된다'라며 변신을 강조했다.

과거의 지식은 지혜는 되지만 미래를 개척할 지식이 되지는 않는다. 개인도 기업과 마찬가지다. 배우지 않으면 도태된다. 40~50대 허리띠를 조여 매고 변해야 한다. 세상의 흐름에 뒤처지지 않기 위해서다. 원래대로 살 것인지 변화할 건지는 오직 스스로가 결정한다.

"아니, 이 팀장. 아직 퇴직도 많이 남았는데, 무슨 인생 2막을 준비해? 혹시 조기 퇴직하려는 거야?"

이 책을 쓰면서 이런 말을 많이 들었다. 퇴직이 6년 남았다. 6년이 길면 길고 짧으면 짧다. 퇴직 준비는 언제부터 하는 것이 좋은지 공로연수 중이거나 퇴직했던 선배 공무원들에게 물었다. 대부분 1~2년에 준비하면 늦다는 말을 많이 했다.

나는 인생 2막이 적어도 인생 1막처럼 초토화되는 삶을 살기 싫었다. '잘 살아야겠다'는 오기도 생겼고 가슴에는 한이 맺혔다. 그 이유가 책을 쓰게 만들었다. 책을 쓰면서 '인생 2막을 제대로 준비해야겠

5장 | 일상의 감사가 인생 후반기 기적을 낳는다

다'는 생각을 하게 된 것이다. 솔직히 지금 준비된 것은 아무것도 없다. 시작 단계다.

'코로나19'가 세계적으로 맹위를 떨치고 있는 가운데 할 것이 있는지 눈을 닦고 찾아봐도 없어 보인다. 퇴직을 앞둔 직장인은 인생 2막이 더 불안하다. '앞으로 나가서 뭐하지?' '일단 나가서 휴식을 취하면서 생각해 보면 되지' '뭐 골치 아프게 지금 생각해'라고 하는 사람들이 있다. 반면, 뭐라도 해야 할 것 같으니, 퇴직 전 준비를 해보자는 사람들도 있다.

50대 직장생활을 하는 사람 대부분은 막연하게 생각하는 것이 정상적이다. 나 또한 마찬가지다. 하지만 막연하다고 그냥 생각만 하고 더 이상 진행하지 않는다면 변하는 것은 아무것도 없다. 그냥 편안한 대로 살아가면 미래 또한 변하지 않는다.

고기를 잡으려면 낚싯대를 던져야 하듯, 50대가 되면 인생 2막 준비를 위한 낚싯대를 던져야 한다. 인생 2막 낚싯대를 던지지 않는 사람은 고기를 잡을 수 없는 것과 같은 이치다.

대한민국 철밥통, 속된 말로 공무원을 이렇게 부른다. 가장 변하기 어렵고 안주하기 쉬운 곳이다. 누가 내게 현재 모습으로 바뀌게 된 이유를 묻는다면 '한 부모 가장이 된 이후부터'라고 자신 있게 얘기한다. 아내를 사별하면서 무식한 말로 뜨거운 맛을 봤기 때문이다. 죽고 싶을 만큼 사는 것이 힘들었다. 인생 최대의 위기였다. 고독과 외로움, 자녀 양육 등 끝없는 삶의 굴레에서 나를 구해준 것은 책이었다. 1년 100권 책 읽기에 도전했다. 책을 읽으며 저자특강 등 많은 교육을 받으면서 나보다 업그레이드된 사람을 많이 만났다. 온라인과 오프라인으로 많은 사람과 소통하며 성장했다. 어렵게 자랐던 가정환경, 결핍이 성장을 만들었다. 아내를 사별하며 임계점을 만났고 그 위기가 삶을 성장하게 했던 촉매제가 되었다.

이 책 내용 대부분은 살아오면서 경험하고 생각했던 것들이다. 특히 인생 전반기 한 부모 가장이 되면서 겪었던 삶의 고통을 통해 터득한 지혜가 포함되어 있다. 이 책을 쓰며 인생 후반기 삶의 목표를 명확하게 정했다. 책에서 제시한 내용을 충실하게 실천하며 인생 2막을 착실하게 준비하고자 한다.

누구나 인생에 위기가 찾아온다. 그 위기를 어떻게 생각하느냐에 따라 기회일 수도 있고 영원히 추락하는 인생이 될 수도 있다. 매일 새벽 4시에 기상했고, 허투루 시간을 쓰지 않았다. 지난 시절보다 더 열심히 독종처럼 살았다. 이 모든 것은 결핍과 위기를 경험하며 만들어낸 성과다. 평온한 상태 평온했던 가정환경이었다면 쉽지 않았다. 코로나19와 더불어 더 힘들고 어려울수록 기지개를 펼쳐야 한다. 인생은 살만한 것이다. 아무리 고통이 찾아와도 그 고통은 받아들이고 생각하기 나름이다. 내 안에 긍정적인 생각 감사하는 마음으로 전환해보자. 모든 것이 달라진다. 생각이 바뀌면 행동도 달라진다.

작년 2월 코로나 바이러스가 대한민국을 강타하기 시작했다. 둘째 아들은 이러한 시기에 고등학교에 입학했다. 학교 수업은 온라인 비중이 높아졌다. 등교가 불규칙하게 되면서 그해 10월 둘째 아들은 학교를 중단했다. 한 부모 가장이 감당해야 할 가장 큰 위기였다. 하지만 감사와 긍정의 불씨를 마음에서 살려냈다. 고통과 고난이 올 때마다 마치 충치에 신경이 돋아나는 만큼 아프고 힘들었다. 가시 없는 장미가 없듯 고통 없는 사랑도 없다. 고통과 사랑은 한 몸이다. 인생도 행복과 고통이 한 몸이다. 고통 속에 행복이 같이 있다는 것을 잘 알고 있다. 담담히 견뎌내며 감사한 하루를 보낸다.

이 책이 나오기까지 도와주신 분이 있다. DID 송수용 작가님은 책 이름을 지어주신 분이다. 기성준 작가님으로부터는 책쓰기 교육을 받았다. 두 분이 없었다면 책이 나오지 못했을 것이다. 그래서 더 없이 감사하다. 꿈벗나비를 이끄시며 제게 독서의 가치를 알게 해주신 박대호 대표님과 지칠 때마다 계속 글을 쓸 수 있는 에너지를 주신 임어금 대표님께도 감사드린다. 원고 작업에 도움을 준 김서연, 박진희, 김현옥 꿈벗나비 선배님, 마음자람 북튜브를 운영하시는 강희영 선생님께도 특별히 감사 말씀드린다. 원고를 잘 다듬고 편집해준 이수미 실장님, 출판사 이경재 대표님께도 감사하다. 마지막으로 사랑하는 나의 두 아들에게도 감사한 말을 전한다. 두 아들이 온전히 내 곁에 있기에 나는 행복하다.

이옥윤